Charles Clément

Raphaël

Sa vie et ses œuvres

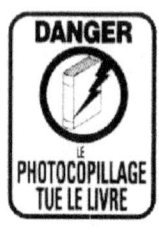 Le code de la propriété intellectuelle du 1er juillet 1992 interdit en effet expressément la photocopie à usage collectif sans autorisation des ayants droit. Or, cette pratique s'est généralisée dans les établissements d'enseignement supérieur, provoquant une baisse brutale des achats de livres et de revues, au point que la possibilité même pour les auteurs de créer des œuvres nouvelles et de les faire éditer correctement est aujourd'hui menacée. En application de la loi du 11 mars 1957, il est interdit de reproduire intégralement ou partiellement le présent ouvrage, sur quelque support que ce soit, sans autorisation de l'Éditeur ou du Centre Français d'Exploitation du Droit de Copie , 20, rue Grands Augustins, 75006 Paris.

ISBN : 978-1987554502

10 9 8 7 6 5 4 3 2 1

Charles Clément

Raphaël

Sa vie et ses œuvres

Table de Matières

Introduction	7
Section I	10
Section II	17
Section III	25
Section IV	38
Section V	50
Notes	57

Introduction

Au milieu de la société toscane, vivante, hardie, lettrée, passionnée pour la vie publique, demandant à la science, à l'antiquité, à la raison les éléments d'une civilisation nouvelle, tandis qu'un souffle irrésistible entraînait les artistes florentins vers un naturalisme de jour en jour plus accusé, une école humble et disséminée vivait loin du bruit dans les montagnes de l'Ombrie et sur la pente occidentale des Apennins jusque vers l'Adriatique. Elle gardait les pures et sévères traditions de l'art religieux, et n'avait subi que très indirectement l'influence de la rénovation qui s'accomplissait si près d'elle. Ce n'était point l'art qu'elle poursuivait ; il n'était pas son but : elle l'employait comme un moyen précieux, dans un temps d'ignorance, de compléter l'enseignement oral, en représentant les scènes de l'Évangile ou de la vie des saints, et si ces maîtres pieux et naïfs ont donné à leurs ouvrages une si suave et si exquise beauté, ce n'était que pour rendre la vérité plus aimable, et parce qu'un reflet de leur propre cœur illuminait les saints personnages qu'ils représentaient. Ils se bornaient à mettre en pratique les ordres du second concile de Nicée : « La sainte » église catholique met en œuvre tous nos sens pour nous amener à la pénitence et à l'observation des commandements de Dieu ; elle s'efforce de nous entraîner non-seulement par l'oreille, mais par la vue, dans le désir qu'elle a de perfectionner nos mœurs. »

Ces peintres croyants, camaldules ou dominicains pour la plupart, se contentèrent d'abord d'orner de miniatures les livres de chœur, des missels ou des objets destinés au culte. Sans préoccupation mondaine ni science, ils mirent dans leurs œuvres une grâce et une chasteté, une ardeur convaincue, souvent un goût et un sentiment instinctif de la beauté, qui jettent l'âme dans l'extase religieuse qu'ils éprouvaient eux-mêmes en retraçant ces pieuses images. N'étant poussés par aucun motif de gloire ni d'intérêt, ils n'ont rien fait pour conserver leurs noms ; c'est à peine si nous connaissons ceux de dom Silvestre et de dom Jacques le Florentin, du monastère des Anges, qui ornèrent de merveilleuses miniatures le livre de chœur qu'on admire à la Bibliothèque Laurentienne, et de don Barthélémy, également moine de ce couvent, qui, au milieu du XVe siècle, essaya la peinture en grand, fit un nombre considérable de tableaux d'église, et travailla même avec le Pérugin à la fresque du *Christ donnant les clés à saint Pierre* de la chapelle Sixtine.

C'est Angelico, le pieux moine de Fiesole, qui personnifie dans ce qu'elle offre à la fois de plus pieux et de plus savant la peinture mystique d'Ombrie. Il avait pratiqué la miniature comme ses prédécesseurs, et nous savons qu'aidé de son frère, il orna de peintures un certain nombre de manuscrits aujourd'hui perdus. Le succès qu'obtinrent ses peintures murales et ses tableaux d'autel ne lui laissèrent pas le loisir de continuer des travaux que la découverte de l'imprimerie et de la gravure devait faire abandonner tout à fait. Ses fresques des corridors et des cellules du couvent de Saint-Marc, l'admirable *Crucifixion* du réfectoire, les tableaux qu'il avait exécutés dans diverses villes de la Toscane pendant la persécution que subit sa confrérie, la chapelle du Vatican, qu'il décora à la prière d'Eugène IV, firent sortir son nom de l'obscurité. Toute la tendresse et la ferveur de Fra Angelico débordent dans ces naïfs et émouvants ouvrages. On sait qu'il s'agenouillait avant de commencer à peindre, qu'il ne pouvait représenter le Christ en croix sans que son visage se baignât de larmes, et il a mis dans toutes ses compositions l'impression vivante de ses sentiments sincères et profonds. Son élève Benozzo Gozzoli et son contemporain Gentile da Fabriano [1], l'un dans ses grandes fresques du Campo-Santo et dans son *Adoration des Mages* du palais Riccardi, l'autre dans les nombreux tableaux qu'il fit dans presque toutes les villes d'Italie depuis Venise jusqu'à Naples, développèrent et répandirent au loin les doctrines ombriennes ; mais, arrivée avec ces trois maîtres à son apogée, cette école déclina rapidement. Elle ne disparut pas, mais se transforma. D'essentiellement ecclésiastique qu'elle avait été jusque-là, elle devint laïque. Ses derniers représentais avaient vu Florence, Milan, Mantoue et Venise ; ils avaient pu connaître Jean Bellin, Léonard, Mantegna, Signorelli. La seconde école d'Ombrie, tout en conservant le caractère mystique, tout en restant dans la voie traditionnelle à l'égard des sujets, des types, de la composition générale, profita dans une certaine mesure des progrès accomplis dans les autres écoles d'Italie. Elle devint plus savante et moins naïve : gagna-t-elle à cette transformation autant qu'elle y perdit ? Pinturicchio, Pérugin, sont assurément de grands peintres ; mais au temps où ils vivaient, la faiblesse comparative de leurs œuvres n'avait plus ni motifs ni excuse, et quant au sentiment religieux qu'elles présentent, il est souvent systématique et conventionnel. Sans force et sans audace, cette école n'a rien de ce qui place si haut celle de Florence ; elle n'a pas davantage l'émotion, l'intimité, la ferveur qu'on trouve dans les moindres compositions du moine de Saint-Marc. Elle ne devait cependant pas périr. Précisément à l'heure où elle allait se perdre dans le grand courant florentin, un merveilleux génie apparut. Raphaël hérita de ce qu'elle conservait de véritablement fécond ; sa belle, facile et heureuse nature reçut et développa ces germes qui chez tout autre auraient dégénéré. Il les transporta à temps dans le terrain fertile du naturalisme, mais les œuvres qui en sortirent gardèrent toujours, comme un signe de leur origine, le parfum des montagnes natales.

Ce n'est pas s'écarter de la direction particulière imprimée de nos jours à la critique d'art que de chercher à rétablir, même après l'appréciation d'un excellent juge [2], les traits principaux de la physionomie de Raphaël, en s'attachant surtout ici, comme dans des travaux précédents [3], à éclairer l'analyse des œuvres par celle du caractère. Les études sérieuses sur l'histoire des beaux-arts semblent, depuis quelques années, reprendre faveur en France, et notre littérature tend à conquérir le rang qu'elle y doit occuper, en suivant une voie où nous nous étions laissé devancer par l'Angleterre, par l'Italie, et surtout par l'Allemagne. C'est par Raphaël que l'on a commencé, et il faut espérer que les autres maîtres de l'art moderne ne tarderont point à avoir leur tour. Il y a trente ans déjà que M. Quatremère de Quincy donnait une histoire du peintre d'Urbin qui, malgré de très graves imperfections, a servi de point de départ à des travaux plus exacts et plus complets. M. Gruyer a publié récemment deux intéressantes études sur les fresques du Vatican, et nous avons sous les yeux la traduction de la vie de Raphaël par M. Passavant, ouvrage auquel l'auteur a consacré quarante ans d'études et de recherches, fruit d'une vie entière et d'une vie bien employée, un de ces livres qui restent classiques, que l'on peut corriger et améliorer, mais que l'on ne refait point. Cette édition française est elle-même en quelque sorte un livre nouveau [4]. M. Passavant en a surveillé la traduction et l'a enrichie d'une foule de renseignements qui ne se trouvent pas dans la publication allemande, comme il a corrigé les erreurs qui lui avaient échappé dans son premier travail.

Section I

C'est à Urbino, au milieu de l'une des contrées les plus gracieuses des Apennins, entre les hauts sommets de ces Alpes italiennes et la mer Adriatique, que naquit Raphaël le vendredi saint 28 mars 1483. Son père, Giovanni Santi [5], appartenait à une famille de condition moyenne, moitié bourgeoise, moitié artiste. Parmi ses ancêtres se trouvent quatre peintres ; d'autres avaient rempli des fonctions publiques ou fait divers métiers : Giovanni lui-même était peintre et poète. On conserve au Vatican une chronique rimée qu'il écrivit en l'honneur du duc d'Urbin, Federico di Montifeltro, son protecteur. Ces vers ne sont pas sans mérite ; ils dénotent beaucoup de discernement et une rare indépendance d'esprit, car, bien que l'un des plus fervents adeptes de l'école ombrienne, Giovanni Santi parle avec enthousiasme d'André Mantegna, de Signorelli, et même de Léonard de Vinci, qu'il admire à l'égal du Pérugin.

Due giovin' par d'etate e par d'amori,

Leonardo da Vinci e' l Perusino

Pier della Pieve, que son' divin pittori.

Vasari traite Giovanni Santi de peintre médiocre ; il se trompe. Je n'irai pas aussi loin que M. Waagen, qui fait du père de Raphaël presque l'égal de Pinturicchio et du Pérugin ; mais à en juger par ceux de ses ouvrages qui se trouvent encore à Urbin et dans les environs de cette ville, ainsi que par son *Annonciation* de la galerie de Brera et par sa *Madone* du musée de Berlin, on peut bien dire qu'il est au rang des meilleurs peintres de l'école ombrienne. Il éleva son fils avec une tendresse extrême. Homme de sens et de jugement, dit de lui Vasari, avec raison cette fois, il savait combien il importe de ne pas confier à des mains étrangères un enfant qui pourrait contracter des habitudes basses et grossières parmi des gens sans éducation. Aussi voulut-il que ce fils unique et désiré fût nourri du lait de sa mère, et pût dès les premiers instants de sa vie s'accoutumer aux mœurs paternelles. Giovanni fut le premier maître de son fils. De très bonne heure, le jeune homme l'aida dans ses travaux, et s'il a plus tard imité la disposition et les types du Pérugin, on reconnaît cependant dans ses premiers ouvrages un sentiment vrai, fort, un goût pur qui rappelle la manière de son père. C'est au milieu de cette famille honnête, dans ces habitudes de travail, aimé par une tendre mère, guidé par un homme intelligent, que grandit Raphaël. Une admirable nature frappa ses premiers regards. À l'âge où les impressions sont ineffaçables, il respira au foyer paternel l'enthousiasme mystique qui, dans l'école d'Ombrie, était une religion plutôt qu'une simple tradition d'art. Cet ensemble heureux de circonstances devait être bientôt brisé. Sa mère, Magia Ciarla, mourut en 1491 ; il perdit son père trois ans plus tard, le 1er août 1494 ; il n'était alors âgé que de onze ans et quatre mois.

Il est vraisemblable que, pendant les deux ou trois années qui s'écoulèrent avant son entrée dans l'atelier du Pérugin, le jeune Raphaël demeura dans sa ville natale, confié aux soins de son oncle maternel, Simone di Batista Ciarla. Il est bien permis de conclure de la précocité de son talent, et du goût passionné qu'il avait montré dès son plus jeune âge pour la peinture, que pendant ce temps il n'abandonna pas ses études. Il vit probablement alors Signorelli, qui travaillait à Urbin en 1494, et Timoteo Viti, élève de Francia, qui y revint l'année suivante ; mais on ne possède aucuns détails qui méritent quelque confiance sur les années qui suivirent la mort de son père. C'est à la fin de 1495 ou en 1496 qu'on le confia au Pérugin [6]. Vasari raconte avec son assurance accoutumée que Giovanni (mort depuis un an ou deux) conduisit lui-même son fils à Pérouse ; il parle aussi des larmes que cette séparation coûta à sa mère ! — La fin de sa narration n'a cependant rien d'improbable. « Lorsque Pietro vit les dessins de Raphaël, dit-il, sa jolie figure, ses gentilles manières et son air naïf et gracieux, il en porta d'avance le jugement que la postérité a ratifié. »

Le Pérugin était né à Castello della Pieve en 1446. Sa famille était très pauvre. Il fut de bonne heure orphelin. Recueilli et élevé par charité, il connut les atteintes d'une misère qu'il mit une énergie singulière à surmonter. Ses premiers maîtres sont inconnus, mais Rumohr suppose avec beaucoup de vraisemblance qu'il reçut des leçons ou au moins les conseils de Fiorenzo di Lorenzo [7]. Il se rendit à Florence, et fréquenta l'atelier de Verrocchio, où il connut

Léonard de Vinci et Lorenzo di Credi. Il avait toujours devant les yeux, nous dit Vasari, le hideux fantôme de la pauvreté. Il était si misérable, qu'il coucha pendant plusieurs mois sur un coffre de bois. Il travaillait sans répit, « et, pour arriver un jour à vivre à l'aise et en repos, il brava la faim, le froid, la fatigue, les incommodités de tout genre et même la honte. » Le biographe ajoute qu'il mettait toute son espérance dans les biens de la fortune, qu'il aurait été capable de tout pour de l'argent, qu'il ne voulut jamais croire à l'immortalité de l'âme, et que rien ne pouvait vaincre l'obstination de son cerveau de marbre. » Le Pérugin atteignit son but. « Il amassa, nous dit encore Vasari, de grandes richesses ; il bâtit et acheta des maisons à Florence, il acquit une foule de bonnes et solides propriétés à Pérouse et à Castello della Pieve. » Je sais tout ce qu'il faut rabattre des imputations et des opinions passionnées de Vasari. Le reproche d'impiété est dans sa bouche une accusation banale qu'il prodiguait à tous ceux de ses confrères qui n'avaient pas le bonheur de lui plaire. En supposant qu'il ait outre-passé la vérité, que l'impiété du Pérugin n'ait rien eu de violent, il faut cependant bien conclure de sa conduite durant les troubles de Florence, de sa réserve au milieu des événements qui amenèrent la mort de Savonarole, qu'il était, ainsi que son ami Léonard, d'une indifférence absolue à l'égard des questions religieuses, indifférence qui surprend chez le chef de l'école ombrienne au moment où les intérêts qu'il paraît défendre dans l'art sont en péril, et qui contraste d'une manière pénible avec la conduite que tinrent dans ces mêmes circonstances les Boticelli, les Fra Bartolomeo, les Lorenzo di Credi. Quant à son avarice, elle est moins contestable encore que son impiété. On a cherché à combattre les assertions de Vasari ; on a cité une lettre que le Pérugin écrivit à Isabelle, marquise de Mantoue, en lui envoyant son tableau du *Combat de l'amour et de la chasteté*, où il dit entre autres choses : « Je me suis appliqué à cet ouvrage avec tout le soin suffisant pour la satisfaction de votre excellence et de mon honneur, que j'ai toujours préféré à tous les avantages. » Et il se trouve que précisément ce tableau, que le musée du Louvre possède, est l'un des ouvrages les plus négligés qu'il ait faits. Il paraît enfin qu'il était peu considéré à Florence, et qu'on lui reprochait son mercantilisme, qui devenait tous les jours plus choquant. Ayant essayé quelques intrigues contre Michel-Ange, qui ne devait certainement pas l'aimer, celui-ci le traita en public de « ganache » (*goffo nell' arte*). Le Pérugin fît comparaître Michel-Ange devant le conseil des huit, mais il fut honteusement renvoyé sans obtenir la satisfaction qu'il demandait. — Cet homme cupide et sans conviction est cependant, à tout prendre, le représentant le plus distingué de la pieuse école d'Ombrie. On ne sait comment concilier un pareil caractère avec un génie qui, pour avoir été surfait, n'en est pas moins très réel et très élevé, et ce problème n'est pas le moins inquiétant de ceux que présente l'histoire de l'art à cette époque. Tout s'expliquerait si nous ne connaissions que cette série de tableaux fades et béats qui datent des fresques de la salle du Cambio de Pérouse et déshonorèrent les vingt-cinq dernières années de sa vie. Ce ne serait qu'un habile négociant qui, ayant trouvé une veine fertile, l'exploiterait pour son plus grand profit ; mais il y a autre chose chez le Pérugin, et si même dans ses plus mauvais ouvrages on trouve un accent de sincérité, un sentiment religieux, une suavité, une impression pure et chaste qu'il est impossible de méconnaître, ces mêmes caractères sont bien plus évidens encore dans les véritables chefs-d'œuvre qu'il peignit avant 1500 : le *Sposalizio* du musée de Caen, *la Pietà* du palais Pitti, *l'Ascension* du musée de Lyon, et l'admirable fresque de *Sainte Marie Madeleine* à Florence.

Il faut d'ailleurs que les souvenirs qu'emportaient de cette terre sacrée d'Ombrie les peintres qui la quittaient fussent bien profonds pour que le Pérugin, vivant à Rome et à Florence au temps de Michel-Ange et dans l'intimité de Léonard de Vinci, n'ait jamais abandonné les traditions de l'école. Tandis que les individualités se développaient librement, non-seulement à Florence, mais à Venise, à Bologne, à Mantoue, le Pérugin conservait invariablement les sujets, les types, les dispositions symétriques et uniformes, le dessin sec et maigre, mais aussi la naïveté, la pureté, cette beauté en quelque sorte immatérielle qui caractérise l'école mystique d'Ombrie. Prise dans ses plus faibles ou dans ses meilleurs ouvrages, sa peinture est toujours impersonnelle et hiératique, et cette tyrannie d'un art religieux était tellement puissante, que Raphaël lui-même, quoique appartenant à une autre génération, quoique transporté encore adolescent hors de son pays, la subit, et resta pendant plusieurs années courbé sous ce joug sacré.

Quel que soit, du reste, le jugement que l'on porte sur le caractère et sur le talent du Pérugin, à l'époque où Raphaël entra dans son école, le maître ombrien était dans toute sa force, et il n'avait pas encore adopté cette manière expéditive, négligée, ces répétitions perpétuelles des mêmes compositions, des mêmes types, des mêmes impressions, qui ne sont plus d'un artiste, mais d'un spéculateur qui aurait pris la peinture religieuse pour objet de son industrie. Raphaël resta dans son atelier, presque sans interruption, jusqu'à 1504. Pendant ces six ou huit années, malgré la précocité de son talent, il paraît s'être religieusement conformé aux enseignements du maître et s'être très docilement soumis à une discipline qui était beaucoup plus sévère dans l'école d'Ombrie que dans celle de Florence. Aussi ne peut-on distinguer qu'avec peine quelques-uns de ses premiers ouvrages de ceux du Pérugin, et sans les renseignements précis qui suppléent à l'insuffisance du caractère personnel, il serait permis de confondre plusieurs des tableaux de l'élève avec ceux du maître. Raphaël avait trouvé dans l'atelier de Vannucci plusieurs jeunes peintres de son âge, Gaudenzio Ferrari, Domenico di Paris Alfani, Girolamo Genga d'Urbino, avec lesquels il s'était beaucoup lié. Il s'attacha tout particulièrement à Giovanni di Pietro, surnommé le Spagna. Dans cette admirable contrée de Pérouse, entouré d'amis de son choix, celui qu'on a avec tant de raison appelé *il graziosissimo* prolongeait son adolescence, sans paraître désirer d'essayer de trop bonne heure ses propres forces. Son activité était cependant très grande, car M. Passavant ne compte pas moins de vingt-six tableaux de Raphaël qu'il rapporte à cette première période. Déjà ses productions avaient cette facilité sans négligence, cette aisance de facture dont il donna plus tard de si étonnants exemples, et à défaut d'originalité dans les compositions, qui rappellent trop celles de son maître, une suavité et une grâce qui font pressentir le divin Raphaël de Florence et de Rome.

Dès l'année 1500, pendant un séjour que le Pérugin fit à Florence, le Sanzio, âgé de dix-sept ans seulement, se rendit avec quelques-uns de ses amis à Città di Castello, et y fit plusieurs tableaux qui, pour être peints de sa main, n'en sont pas moins presque entièrement péruginesques de composition et de facture, mais auxquels leur date donne un intérêt particulier. *Le Couronnement de saint Nicolas di Tolentino par la Vierge et par saint Augustin*, que Lanzi put voir dans son intégrité avant que Pie VI eût fait séparer du reste le haut du tableau, qui représentait *le Père éternel entouré d'anges*, est malheureusement perdu [8] ; mais d'après l'historien, et les études pour ce tableau qui existent au musée de Lille, cette composition montrait déjà quelques traces d'un style nouveau. Le Pérugin n'aurait pas manqué de placer la Vierge sur un trône, et les saints qui contemplent la scène debout et symétriquement disposés, comme il l'a fait dans son *Ascension* du musée de Lyon. Raphaël s'écarte déjà légèrement de la tradition en donnant à ses personnages plus de mouvement, et quoique Vasari nous dise que si ce tableau n'était pas signé, on le croirait du Pérugin, Lanzi remarque que si le style est encore celui du maître, c'est à l'élève qu'appartient la disposition du sujet.

De la même année d'après M. Passavant, de 150A seulement selon Rumohr, serait le *Christ en croix*, qui a passé de la galerie Fesch dans celle de lord Ward. *L'Assomption*, ou plus exactement *le Couronnement de la Vierge*, en trois compartiments, du musée du Vatican, que nous avons eu à Paris de 1797 à 1815, appartiendrait à l'année 1502 ; mais de tous les ouvrages que Raphaël exécuta dans cette première période, son *Sposalizio* de la galerie de Brera, signé de 1504, qu'il fit pendant son séjour à Gitta di Castello, à la veille de partir pour Florence, et que la belle gravure de Longhi a popularisé, indique d'une manière très précise que le jeune peintre d'Urbin était loin de s'être encore affranchi de la tutelle de son maître. *Le Mariage de la Vierge* est une œuvre charmante, dont s'enorgueillit à juste titre le musée de Milan, mais elle n'est point originale ; c'est une répétition textuelle du beau tableau que le Pérugin fit en 1495 pour la cathédrale de Pérouse, et qui se trouve aujourd'hui au musée de Caen. Les deux compositions sont pour ainsi dire calquées l'une sur l'autre : même disposition, mêmes types, même dessin un peu sec et grêle, même exagération dans la longueur des figures, même fond d'architecture, dont le Pérugin avait du reste introduit déjà le motif dans sa fresque du Vatican, *le Christ donnant les clés à saint Pierre*. Dans le tableau de Raphaël se trouvent cependant quelques modifications qui ne sont pas sans intérêt : il a donné plus d'importance au temple, dont les profils et les moindres détails sont étudiés avec un soin extrême ; il a, par contre, diminué la proportion des figures, mais il a doué les formes d'une réalité, les expressions d'une grâce naïve et d'une pureté qui n'existent pas au même degré dans l'œuvre du Pérugin.

C'est encore pendant cette année 1504, après avoir quitté l'école de Vannucci et être retourné pour quelque temps à Urbin, qu'il fit pour le duc Guidobaldo les deux charmants petits tableaux du Louvre, le *Saint George* [9] et le *Saint Michel*, dont il ne faut pas mesurer l'importance à la dimension. Ce sont les premiers pas que fit sans lisières cet enfant de génie. Dans le *Saint George* surtout, le feu, la vivacité de l'action, la justesse des mouvements, la beauté du cheval et du cavalier, l'harmonie des lignes générales, la délicatesse de la couleur, le charme du paysage, la vigueur, l'aisance, la grâce de toute la composition, font pressentir le style que Raphaël allait adopter, et ce n'est pas sans émotion que l'on considère dans cette œuvre juvénile et déjà parfaite le début d'une carrière qui devait aboutir aux *Chambres* du Vatican, aux *Sibylles* de la Pace et à *la Transfiguration*.

Quant à la part que Raphaël a prise aux travaux que le Pinturicchio exécuta de 1502 à 1506 à la bibliothèque de Sienne, elle est loin d'avoir l'importance que l'inexactitude de Vasari, exagérée encore par la tradition locale, lui a donnée. L'erreur du biographe arétin est manifeste. Il n'est pas même certain que Raphaël soit allé à Sienne dans les premières années du XVIe siècle, et si ce n'était son dessin de l'académie de Venise, d'après le groupe antique qui se trouve à la bibliothèque, et son tableau des *Trois Grâces*, qui en est évidemment inspiré, rien n'indiquerait qu'il ait fait dans cette ville un séjour que ses contemporains ne mentionnent pas. Les deux dessins du Sanzio, conservés l'un aux Offices de Florence, l'autre dans la collection Baldeschi à Pérouse, qui se rapportent certainement à la première et à la cinquième composition de la décoration de la bibliothèque, ne sont point dans la proportion des fresques, ce qui semble indiquer que Raphaël ne connaissait pas d'une manière exacte les dimensions des emplacements pour lesquels ils devaient servir, et on est d'autant plus autorisé à croire qu'il ne fit pas ces dessins sur place, que les paysages qu'il mit dans les fonds de l'une au moins de ces compositions sont empruntés aux environs de Pérouse, et que Pinturicchio les a remplacés dans les peintures par des motifs pris à Sienne même. On sait d'ailleurs que le Pinturicchio s'était engagé par contrat vis-à-vis du cardinal Piccolomini à exécuter de sa main aussi bien les cartons que les peintures de ces grandes décorations. Agé de près de cinquante ans, à l'apogée de sa réputation, tenu avec raison pour l'un des maîtres de l'art, il ne paraît pas vraisemblable qu'il ait employé un jeune homme de vingt ans autrement que pour lui faire mettre au net une partie de ses esquisses, pour l'aider peut-être dans quelques détails d'exécution. Ces peintures présentent du reste des faiblesses de composition et des imperfections de dessin que le Sanzio eût évitées ; elles offrent en même temps une facture ferme et magistrale qui ne peut appartenir qu'à un talent sûr de lui-même. Pinturicchio, de quelques années seulement plus jeune que le Pérugin, n'était pas son élève, comme le pense Vasari ; mais il avait travaillé pour lui, et rencontré Raphaël dans son atelier. Il n'avait sans doute pas eu de peine à discerner ses rares dispositions, et il n'y a rien d'étonnant à ce qu'il l'ait chargé de traduire en dessins les premières esquisses de ses compositions. C'est à cela, je crois, que se borne la participation de Raphaël, assez riche de sa propre gloire pour qu'on ne prive pas d'un honneur mérité l'auteur de l'un des plus vastes et des plus beaux ouvrages d'art exécutés au commencement du XVIe siècle.

Section II

Raphaël se rendit à Florence à la fin de 1504. La lettre de recommandation que lui donna Jeanne de La Rovère, duchesse d'Urbin, pour le gonfalonier Soderini, est datée du 1er octobre de cette année. « Cette lettre vous sera remise, dit-elle, par Raphaël, peintre d'Urbin, jeune homme plein d'heureuses dispositions et qui désire passer quelque temps à Florence pour y étudier… Il est aussi intéressant qu'aimable de sa personne, et je désire qu'il se perfectionne dans son art… Tout ce que vous pourrez faire d'agréable et d'utile pour lui, je le tiendrai comme fait à moi-même. » Il ne semble pas que le gonfalonier, très occupé alors des travaux qu'il faisait exécuter au Palais-Vieux par Léonard de Vinci et par Michel-Ange, ait donné grande attention à cette lettre. Raphaël de son côté, qui venait de passer sans transition de l'existence tranquille qu'il menait dans les montagnes d'Ombrie à la vie agitée de Florence, et qui contemplait pour la première fois les chefs-d'œuvre d'un art dont il n'avait nulle idée, dut éprouver un moment de trouble et d'incertitude en voyant ce qui lui manquait, et désirer reprendre ses études plutôt que d'entrer en lice avec des concurrents qu'il ne pouvait pas espérer d'égaler encore. Rien n'indique qu'il ait cherché à se rapprocher de Michel-Ange et de Léonard de Vinci [10], et bien qu'il ait sans doute connu ce dernier, très lié avec le Pérugin, on comprend qu'il éprouvât peu de sympathie pour les deux athlètes de l'art toscan, dont les tendances excessives contrastaient si vivement avec ce qu'il avait vu en Ombrie et devaient effrayer une nature délicate et féminine comme la sienne. Il étudia et copia les fresques de Masaccio au Carmine, l'école obligée de tous les jeunes peintres à cette époque. Il vit les antiques que Laurent de Médicis avait rassemblés dans les jardins de Saint-Marc, et se lia très intimement avec quelques jeunes gens de son âge, entre autres avec Ridolfo Ghirlandajo et avec Aristotile di San-Gallo. Toutefois celui qui agit le plus puissamment sur lui, ce fut Fra Bartolomeo. Son enthousiasme religieux, la nature des sujets qu'il traitait, devaient attirer Raphaël, qui avait sans doute apporté à Florence les convictions de son enfance, et la peinture austère et brillante du pieux moine était bien faite pour initier l'élève du Pérugin à la science florentine et lui permettre d'apprécier une école si différente de celle qu'il quittait. En même temps qu'il complétait ses études, il développait son esprit dans la société du savant Taddeo Taddei, qui l'avait reçu comme un fils, lui avait offert sa table et sa maison, et le mit plus tard en relation avec quelques-uns des hommes les plus distingués de l'Italie, entre autres avec Balthazar Gastiglione, Bibiena et Pietro Bembo.

De 1504 à 1508, à part deux ou trois séjours de peu de durée qu'il fit à Pérouse, à Urbin et peut-être à Bologne, Raphaël ne quitta pas Florence, et c'est pendant ces quatre années que son talent, dont on peut suivre pas à pas le développement, arriva à sa pleine maturité. Pendant l'année 1505 cependant, il se borna à terminer quelques tableaux qu'il avait probablement ébauchés avant son départ et qui se ressentent encore du style du Pérugin. Je n'en citerai que deux mentionnés par Vasari : une *Vierge* avec saint Jean-Baptiste et saint Nicolas pour l'église des Servîtes, conservée aujourd'hui au château de Blenheim, et une autre *Madone* qui appartient, à l'exception des pièces du gradin qui ont été dispersées, au roi de Naples. Dans ce dernier tableau, commandé par les religieuses de Saint-Antoine de Padoue, la Vierge, entourée de saint Pierre et de saint Paul, de sainte Catherine d'Alexandrie et de sainte Marguerite, présente le petit Jésus qui bénit saint Jean, et qui, par suite de la volonté expresse des religieuses, est habillé. Le haut de la composition est occupé par un Père éternel adoré par deux anges et deux chérubins. Quelques parties de ces deux importants ouvrages sont entièrement péruginesques ; mais une plus grande correction de dessin, plus de vérité dans les attitudes, d'individualité dans les têtes, d'ampleur dans les draperies, plus de transparence, de profondeur et de vivacité dans le coloris montrent que les conseils de Fra Bartolomeo, l'étude de Masaccio, des antiques, peut-être même de quelques ouvrages de Léonard de Vinci, n'avaient pas été inutiles à Raphaël [11].

On rapporte à cette même année 1505 *la Madonna del Granduca*, qui, à en juger par le ton des chairs et des draperies, le dessin déjà ample et savant du corps de l'enfant, appartient bien évidemment à l'époque florentine, quoiqu'on y trouve, surtout dans la tête de la Vierge, des traces encore bien sensibles du style du Pérugin. C'est ce tableau qu'on regarde comme le dernier ouvrage qu'il fit sous l'influence de son maître et avant de se posséder complètement lui-même. Dans la belle fresque de San-Severo, à Pérouse, qui est datée de cette même année, Raphaël se montre en effet débarrassé de toute préoccupation ombrienne. Cet ouvrage a d'autant plus d'intérêt que c'est la première peinture murale qu'exécuta le jeune maître d'Urbin, et qu'on y reconnaît les germes de la composition qu'il développa plus tard dans *la Dispute du Saint-Sacrement*.

Avant de commencer l'étude des œuvres principales qui caractérisent la manière florentine de Raphaël, je voudrais faire quelques réserves à l'égard d'une classification qui est commode et dans une certaine mesure naturelle, mais qui est loin d'avoir l'exactitude rigoureuse qu'on lui prête généralement. Nous avons déjà vu Raphaël se devancer lui-même dans le petit *Saint George*, où il nous paraît impossible de trouver aucune trace du style du Pérugin ; nous le verrons revenir au dessin sec et pauvre de son maître dans quelques parties de son admirable *Mise au Tombeau* du palais Borghèse. Plus tard encore, dans *la Dispute du*

Saint-Sacrement, n'a-t-il pas été manifestement influencé par le souvenir des mosaïques anciennes et par les exemples des maîtres primitifs ? Malgré ces hésitations et ces retours, on peut dire que le développement de Raphaël a été, plus que celui d'aucun autre artiste de son temps, logique, régulier, ou plutôt nécessaire et naturel. Génie plus intelligent que créateur, il se transforme sans parti-pris, à mesure que l'âge et les circonstances modifient ses impressions. Tout jeune, à Pérouse, il suit docilement l'exemple de son maître ; à Florence, il voit les œuvres des peintres de l'école toscane, il vit dans un milieu nouveau et se laisse pénétrer par de nouvelles influences. Plus tard, à Rome, au milieu des monuments de l'art antique, chargé d'exécuter de vastes ouvrages concurremment avec Michel-Ange, sa manière s'agrandira, son style prendra plus d'ampleur, et il trouvera ces types où la grâce, trait distinctif et persistant de son génie, s'unit à tant de grandeur et de majesté ; mais ces évolutions de son talent ne présentent pas de changements systématiques et raisonnés. C'est un arbre qui suit sa croissance naturelle, et qui, d'abord plante aux feuilles molles et aux formes indécises, devient une tige flexible, élégante et gracieuse, puis un tronc robuste et élevé. Il étudia Fra Bartolomeo, Mantegna, Michel-Ange et Léonard de Vinci, la nature et l'antiquité, et sut toujours rester Raphaël. Son esprit était un merveilleux creuset où les doctrines les plus diverses venaient se combiner et se fondre pour en sortir œuvres parfaites et ornées de beautés qui jusque-là ne s'étaient jamais trouvées réunies. Ces œuvres n'entraînent, ne subjuguent ni ne passionnent comme celles de Michel-Ange, elles n'attachent ni ne séduisent comme celles de Léonard, mais elles pénètrent doucement l'âme, et l'impression qu'on en reçoit, pour n'être ni violente ni soudaine, n'en est pas moins profonde. Toutes les créations de Raphaël, à quelque époque de sa vie qu'elles appartiennent, ont un air de famille, une saveur particulière qui ne permet pas de les méconnaître, et aucun des maîtres du grand siècle de l'art n'a mis dans ses œuvres plus d'unité qu'il n'en a su mettre dans les siennes en s'abandonnant à la pente naturelle de son génie.

La plupart des tableaux que Raphaël fit à Florence sont de grandeur et d'importance moyennes. Il n'aborda qu'une seule fois avant de venir à Rome la peinture dramatique, dans *la Mise au Tombeau* du palais Borghèse, et cet ouvrage, exécuté en 1508, précéda de très peu de temps son départ de Florence. *La Vierge au baldaquin* du palais Pitti, celles de la *casa* Tempi au musée de Munich, de la casa Colonna à Berlin, *la Madone au palmier* de la collection Bridgewater, la *Sainte Catherine* de la galerie nationale de Londres, la Vierge de la galerie Delessert, appartiennent au séjour de Raphaël à Florence. Ces œuvres charmantes qu'il a tant multipliées ont des caractères communs qui rendent superflue l'étude de chacune d'elles, et je m'arrêterai seulement à *la Belle Jardinière*, à *la Vierge au chardonneret* et à *la Vierge au voile*, qui sont les plus célèbres, qui me paraissent être les mieux caractérisés parmi les tableaux de cet ordre qu'il composa à cette époque.

La Belle Jardinière, qui avait été commandée à Raphaël par un gentilhomme siennois, à qui elle fut achetée pour François Ier, ne fut peinte qu'en 1508, très peu de temps avant le départ du Sanzio pour Rome. Ce serait donc le dernier des ouvrages qu'il aurait exécutés en Toscane, et Vasari dit même qu'il laissa inachevée la draperie bleue de la Vierge en chargeant Ridolfo Ghirlandajo de la terminer. Ce tableau admirablement conservé, à tous égards l'un des plus précieux que possède le Louvre, est loin cependant d'être aussi avancé, au point de vue technique, que *la Vierge au chardonneret* et *la Vierge au voile*. La couleur, claire, ambrée, est égale et sans vigueur, le dessin, très juste, n'est ni serré ni précis ; mais la disposition est naturelle, facile, heureuse, poétique. C'est une de ces compositions pour ainsi dire providentielles qui naissent spontanément dans l'imagination d'un peintre tel que Raphaël, qu'aucune hésitation, aucune trace d'effort ne dépare, et auxquelles le goût le plus sévère ne saurait rien reprendre. La Vierge est assise dans un paysage vaste et ouvert : dans le fond, quelques montagnes, une rivière à gauche, à droite un village ; un ensemble simple, rural et vrai. La jeune mère, les yeux baissés, regarde le Christ, qui lève la tête vers elle. Saint Jean, à genoux sur la droite, tient une croix de roseau. C'est une scène calme et pure, une image idyllique de bonheur innocent et tranquille. On dit que le modèle qui servit à Raphaël pour cette Vierge, ainsi que pour la plupart de celles qu'il peignit à cette époque, était une marchande de fleurs de Florence, une *fioraia*, qu'il aimait, et c'est à cette circonstance que serait dû le nom que porte ce tableau. Il a reproduit souvent ce type gracieux et virginal, qui contraste d'une manière si frappante avec la beauté sévère d'une autre femme qu'il a rendue célèbre, la Fornarina, qu'il a représentée dans la plupart des compositions qu'il exécuta à Rome.

C'est pour son ami Lorenzo Nasi qu'il fit *la Vierge au chardonneret* de la Tribune de Florence. Comme dans *la Belle Jardinière*, la scène est d'une grande simplicité, presque sans action. C'est de l'art représentatif, dont il faut chercher tout l'intérêt dans la beauté du groupe et des types de figure, dans la justesse des expressions et l'harmonie des lignes générales. La Vierge se détache sur un paysage grandiose ; quelques-uns de ces arbres légers et d'une suprême élégance, que Raphaël a si souvent reproduits, projettent sur un ciel tranquille leur branchage grêle et leur feuillage rare et menu. Le Christ est debout entre les jambes de la Vierge. Saint Jean lui présente en souriant un oiseau qu'il va saisir. Ce n'est pas seulement la composition qui est ici parfaite. L'exécution, comparativement à celle de *la Belle Jardinière*, est ferme, pleine et serrée. C'est un des ouvrages les plus soignés et les mieux réussis de la manière florentine de Raphaël, un de ceux qui pénètrent, qui parlent fortement à l'esprit et y laissent une ineffaçable impression de paix, de bonheur calme et d'innocence.

On ne possède aucun renseignement précis qui établisse que *la Vierge au voile* du Louvre ait été faite pendant le séjour de Raphaël à Florence ; mais le caractère de la composition, la couleur harmonieuse et argentée, certaines faiblesses de dessin, notamment dans le haut de la draperie de la Vierge et dans l'inexplicable arrangement des jambes, ne permettent pas de rapporter ce beau et charmant tableau à une autre époque [12]. Le Christ est étendu endormi sur un grand coussin bleu. La Vierge, accroupie, vue presque de profil, entourant du bras gauche saint Jean agenouillé, soulève de la main droite le voile qui recouvre son fils. Le paysage est fermé par des ruines, des fabriques, qui laissent à peine apercevoir un horizon de montagnes. La jeune femme est attentive, presque anxieuse. Ce n'est plus seulement la pudeur virginale qu'expriment ses traits délicats et sa gracieuse attitude, mais un sentiment précis, une pensée nettement indiquée. *La Vierge au voile* est une des œuvres les plus exquises que Raphaël ait faites dans cet ordre de sujets. L'enfant endormi est merveilleux, mais il est très regrettable qu'une restauration maladroite ait défiguré le petit saint Jean.

Dans ces trois ouvrages, ainsi que dans la plupart de ceux qu'il exécuta à Florence, la préoccupation de Raphaël est manifeste. Ces vierges ne sont point les mères qui semblent divines à force de tendresse et de beauté de *la Sainte Famille* de François Ier ou de celle du musée de Madrid, encore moins les madones triomphantes, les glorieuses reines du ciel de saint Sixte ou de Foligno, mais de jeunes filles pures et chastes, celles que l'on rêve à l'âge que Raphaël avait à cette époque, et qui ont pour seule auréole l'innocence et la virginité. Ce sont les sœurs aînées plutôt que les mères de ces enfants forts et gracieux. Chastes, heureuses, souriantes, ce sont les formes idéales qui répondent aux premières impressions de la vie. Jamais les ardeurs ni les soucis de la maternité n'ont troublé leurs regards limpides, et le pressentiment des destinées de l'enfant divin n'a pas marqué d'un sceau de grandeur fatale la candeur de leurs fronts charmants.

La Mise au Tombeau du palais Borghèse est la première excursion que Raphaël ait faite dans le domaine de l'art dramatique, et quelle que soit la valeur du *Spasimo* du musée de Madrid, il est permis de penser que, par la force des expressions, le pathétique naturel des attitudes, l'impression de douleur répandue sur toute la scène, il n'a jamais surpassé ce bel ouvrage. Ce tableau est daté de 1597. C'est Atalante Baglioni qui le lui avait commandé pour la chapelle de sa famille, à San-Francesco de Pérouse. Il était composé de trois parties, dont une seule, demi-cintrée, représentant Dieu le père tenant les mains élevées, est restée dans l'église de Saint-François. Les trois figures de la *predella*, la Foi, l'Espérance et la Charité, peintes en grisaille, se voient aujourd'hui au musée du Vatican [13]. Quant au tableau principal, acheté par Paul V Borghèse, en 1607, il est depuis resté dans la famille, et il doit à cette circonstance un état de conservation qui permet d'apprécier combien Raphaël, guidé par ce sentiment exquis de la beauté qui chez lui ne se dément jamais, a su exprimer les sentiments les plus violents de l'âme sans détruire l'harmonie des lignes, la perfection des formes, et sans tomber dans ces exagérations discordantes qui déparent presque toutes les compositions pathétiques des maîtres primitifs. Le corps du Christ, quoique présentant quelques faiblesses, ou plutôt quelques maigreurs et quelques sécheresses de dessin, est d'une noblesse vraiment exquise. Dans les deux hommes qui le portent, dans celui surtout qui marche en reculant, et qui succombe à la fois sous le fardeau et sous la douleur, les efforts et la fatigue se trahissent sans affaiblir l'impression de beauté que toute œuvre d'art doit produire, et le corps affaissé de la Vierge évanouie, les expressions déchirantes de la Madeleine et de saint Jean, n'altèrent pas l'ensemble harmonieux de cette belle composition. Une particularité bien remarquable du talent de Raphaël, c'est que son individualité, déjà si accusée sous quelques rapports dans ses tableaux florentins, n'arriva que tard à son développement complet. Déjà maître, et maître consommé, par ce qui tient au goût, au sentiment, aux expressions, au caractère des figures, il emprunte cependant très souvent à d'autres le plan, l'ordonnance générale de ses compositions. L'inventeur fécond et ingénieux des décorations des *Stanze*, des Loges, de la Farnésine, reste timide et incertain pendant la période qui nous occupe, et ne se montre guère créateur que dans l'heureuse transformation qu'il fait subir aux sujets qu'il s'approprie. *La Descente au Tombeau* du palais Borghèse est en effet la reproduction presque textuelle d'une gravure bien connue d'André Mantegna. *La Vierge au baldaquin* et celle de la casa Tempi au musée de Munich rappellent de très près deux compositions de Fra Bartolomeo, et on pourrait multiplier ces exemples. Plus tard même, Raphaël ne s'est fait aucun scrupule de s'inspirer des compositions de ses devanciers ou de ses rivaux, notamment dans son *Adam et Eve* des Loges, dont la donnée première a été empruntée à une composition de la chapelle de Masaccio à Florence, dans son *Isaïe* de San-Agostino, et dans les *Sibylles* de la Pace, où il est impossible de méconnaître, sinon l'imitation, du moins la préoccupation très évidente des peintures de la Sixtine.

Dès son séjour à Florence du reste, Raphaël avait subi l'influence de Michel-Ange, et il faudrait s'étonner qu'il en eût été autrement. Il avait étudié, avec tous les jeunes artistes de son temps, le carton du grand maître, lorsqu'il fut exposé en 1506. Avant cette époque, il avait dû voir la *Vierge* de la Tribune de Florence chez Agnolo Doni, ce riche et avare amateur pour qui Michel-Ange avait fait ce tableau, en l'accompagnant d'une verte leçon, et Raphaël était certainement en relations avec lui, puisqu'il avait fait en 1504 ou 1505 son portrait et celui de sa femme, deux de ses beaux ouvrages conservés dans la galerie Pitti. On peut suivre les traces des efforts qu'il fit pour agrandir sa manière de composer et affermir son dessin dans la plupart de ses tableaux florentins. On le voit quitter peu à peu les dispositions symétriques et en bas-relief dont ne sortaient guère les maîtres de l'école d'Ombrie, essayer avec timidité et peu de succès les raccourcis dans la Vierge de la casa Tempi, puis aborder de plus près le nu, et donner, notamment à ses enfants de *la Belle Jardinière*, une musculature accusée et puissante qui rappelle à la fois Michel-Ange et Fra Bartolomeo. Le succès obtenu par ses tableaux de chevalet avait donné à Raphaël le désir de se mesurer avec Léonard de Vinci et avec Michel-Ange. Il n'avait pas l'intention de quitter Florence, car il écrivait, en date du 11 avril 1508, à l'un de ses oncles une lettre où il lui demande de lui procurer une recommandation du magistrat d'Urbin (*il prefetto*) pour Soderini, afin d'être chargé par le gonfalonier de peindre une salle du Palais-Vieux. Il dut renoncer à ce projet. Bramante avait parlé de lui à Jules II, et il fut appelé à Rome pour prendre part aux immenses travaux que le pape faisait alors exécuter au Vatican.

Section III

Raphaël arriva à Rome dans le courant de l'année 1508 ; il avait alors vingt-cinq ans. Chaudement recommandé à Jules II par Bramante, son compatriote, il fut immédiatement chargé par le pape de décorer de quatre grandes fresques la salle du Vatican dite de la Signature. Il se mit aussitôt à l'œuvre, car au mois de septembre de cette même année il était déjà surchargé de travaux, et écrivait à Francia pour le remercier de lui avoir envoyé son portrait, « qui est si beau et si vivant qu'il croit le voir et lui parler, » et il s'excuse de n'avoir pu remplir sa promesse en lui faisant tenir le sien. « Mes occupations graves et incessantes, dit-il, m'ont empêché de le peindre de ma propre main, suivant notre convention. J'aurais pu le faire exécuter par un de mes élèves et le retoucher, mais cela n'eût pas été convenable. » Il est certain que, malgré la confiance en son talent que lui avaient sans doute donnée ses succès récents à Florence, la tâche qu'il venait d'accepter était faite pour absorber toute son activité et lui défendre toute autre préoccupation.

Le projet que Raphaël avait proposé au pape, et que celui-ci avait adopté, était en effet l'un des plus grandioses qu'un artiste eût encore imaginés. Il s'agissait de représenter dans quatre vastes compositions allégoriques la Religion, la Science, les Beaux-Arts et le Droit. L'Urbinate ne se dissimulait pas qu'en choisissant de pareils sujets, il serait forcé de rompre avec toute tradition, de se passer d'exemples, de marcher par ses seules forces dans une route nouvelle. C'est à cette obligation de créer qui lui fut imposée par la nature des sujets qu'il avait choisis, ainsi que par les dispositions et par l'étendue des espaces qu'il devait décorer, que nous devons le développement rapide, presque instantané, que prit son génie sous l'empire de circonstances particulières, et l'épanouissement de facultés d'imagination que ses premiers travaux ne faisaient point pressentir. Il faut dire aussi que le spectacle de Rome, avec ses monuments et ses innombrables vestiges de l'art antique, était fait pour causer une vive impression à son intelligent esprit. Le vieux pape n'était pas seulement un homme de guerre et un grand politique : enthousiaste de tout ce qui pouvait contribuer à la gloire de l'Italie et jeter de l'éclat sur une ville dont il voulait faire la capitale réelle de son pays en lui rendant son ancien lustre, il avait attiré à Rome les savants, les poètes, les artistes les plus célèbres de ce temps. Raphaël était lié avec les Castiglione, les Bembo, les Giovio. Sa bonne grâce, son aménité, son talent, lui attiraient chaque jour de nouveaux amis, qui mettaient à sa disposition des idées, des conseils, des renseignements de toute sorte les plus propres à surexciter son intelligence et à faciliter son travail. D'un autre côté, les salles de l'étage inférieur du Vatican étaient ornées de fresques importantes de Pinturicchio [14]. Celles où Raphaël lui-même travaillait avaient été décorées par le Pérugin, par Signorelli, par Piero della Francesca et d'autres peintres célèbres de l'âge précédent. À quelques pas des *Stanze*, Michel-Ange commençait ses gigantesques travaux de la Sixtine, et ces motifs d'émulation, en venant se joindre à un concours inouï de circonstances heureuses, lui donnaient le désir et le pouvoir de se surpasser lui-même.

Cependant Raphaël ne rompit pas brusquement avec ses habitudes anciennes. Il commença la série des compositions qui devaient décorer la salle de la Signature par celui des quatre sujets adoptés qui lui permettait le mieux d'utiliser ses premières études, et qui se prêtait le mieux aussi au style qu'il avait employé jusqu'alors. Il se donnait ainsi le temps de mûrir ses projets, de faire les recherches, de réunir les renseignements nécessaires pour mener à bonne fin une entreprise sans précédents. La fresque de la Religion, appelée plus communément *la Dispute du Saint-Sacrement*, peinte dans le courant de l'année 1509, rappelle par son ordonnance générale la composition des mosaïques dont Raphaël avait vu de si beaux exemples à Florence et à Rome. Dans la partie inférieure du tableau, et des deux côtés de l'autel sur lequel est placé le saint sacrement, sont groupés les quatre docteurs de l'église latine, des saints, des pères de l'église, et parmi eux Dante, Savonarole et Bramante. Tous ces personnages discutent avec animation sur le dogme mystérieux. Au-dessus, dans la partie moyenne de la composition, entre la Vierge et saint Jean-Baptiste, se trouve le Christ dans sa gloire, assis sur les nuages, la poitrine découverte, les bras étendus. À droite et à gauche, rangés symétriquement en demi-cercle, sont les apôtres et les patriarches. Dieu le père, sous la figure d'un vieillard, tenant le monde d'une main, de l'autre le bénissant, et entouré d'anges et de séraphins, occupe la portion supérieure de ce vaste ensemble.

On le voit, Raphaël, dans cette composition, ne sort pas des habitudes de l'art consacré. On en trouverait les éléments non-seulement dans les mosaïques anciennes, mais dans les fresques d'Orgagna au Campo-Santo de Pise et à Sainte-Marie-Nouvelle, dans *le Jugement dernier* de Fra Bartolomeo à l'hôpital de Sainte-Marie-Nouvelle, et dans la plupart des ouvrages de ce genre des XIVe et XVe siècles inspirés du poème de Dante. Raphaël lui-même avait adopté cette disposition dans sa fresque de San-Severo de Pérouse, et il ne fit que la développer dans la salle du Vatican. Ses préoccupations de l'art sacerdotal se retrouvent non-seulement dans la disposition symétrique de l'ensemble, mais aussi dans l'application de l'or à quelques détails d'ornementation et dans le caractère des têtes, qui rappellent les *portraits* des maîtres primitifs ; mais ce qui est bien de Raphaël dans cette fresque célèbre, c'est la grande ordonnance, l'unité d'impression, l'harmonie des lignes générales, la beauté des types, qui font de *la Dispute du Saint- Sacrement* une œuvre vraiment originale et bien supérieure à celles qui lui ont servi de modèles.

La seconde des compositions qui ornent la salle de la Signature, *Apollon au milieu des Muses*, fut exécutée en 1510, et ne porte plus aucune trace de la manière des maîtres primitifs : c'est l'antiquité dans ce qu'elle a de plus poétique et de plus gracieux, mais l'antiquité vue, comprise et sentie par Raphaël. Tout appartient au jeune maître dans ce bel ouvrage, aussi bien la composition que le mode d'exécution. La nature du sujet et la disposition de l'espace qu'il devait décorer, tout lui conseilla de s'abandonner à son seul génie. La fresque de *la Poésie* occupe en effet le dessus et les deux côtés d'une fenêtre qui s'ouvre sur la cour du Belvédère ; mais Raphaël sut tirer le plus heureux parti d'un emplacement qui paraît au premier abord si défavorable. Apollon Musagète, la tête levée vers le ciel et jouant du violon, marque la partie centrale de la composition. Il est assis au sommet d'une éminence ombragée de lauriers. Autour de lui, sur les pentes de la colline qui descend des deux côtés de la fenêtre, se groupent les Muses, les poètes de la Grèce, de Rome et ceux de l'Italie moderne. On s'est demandé pourquoi Raphaël, qu'un goût si sûr conduit d'ordinaire, au lieu de donner à Apollon la lyre traditionnelle, lui avait mis dans les mains un disgracieux violon. Tel n'avait pas été d'abord son dessein, car une gravure de Marc-Antoine, qui nous donne l'esquisse de cette composition, représente le jeune dieu avec l'instrument de son choix, et M. Passavant suppose avec beaucoup de vraisemblance que Raphaël avait dû obéir dans cette circonstance à une suggestion de Jules II, et rappeler dans son Apollon un improvisateur célèbre de cette époque, très protégé par le pontife, et dont l'admirable *Joueur de violon* du palais Sciarra serait le portrait. Ce détail ne trouble du reste que fort peu l'harmonieuse et sereine beauté de l'ensemble. Raphaël a mis dans d'autres ouvrages plus de science et de force, mais il n'a jamais eu à un plus haut degré le sentiment vif et vrai de l'art antique, tel au moins qu'on le comprenait au XVIe siècle à Florence et à Rome.

La troisième composition, exécutée en 1511, représentant la Science, et connue sous le nom de *l'École d'Athènes*, est une conception complètement originale et sans aucun antécédent. Jamais aucun peintre avant Raphaël n'avait imaginé d'exprimer dans une œuvre de cette importance une idée aussi générale par une allégorie aussi vague, et c'est par des prodiges d'habileté qu'il a pu rendre intéressante une scène pour ainsi dire sans action, et qui ne se rattache à aucun fait précis. Sous le portique d'une vaste construction dans le goût de la renaissance, Platon et Aristote, l'un représentant l'Académie, l'autre le Lycée, se tiennent debout. Platon, le philosophe de l'idéalisme, montre le ciel de la main ; Aristote indique, par son geste dirigé vers la terre, que c'est dans l'observation rigoureuse des phénomènes naturels qu'il cherche les bases de sa méthode. Les philosophes, les savants de l'antiquité et quelques personnages contemporains du peintre sont groupés sur les marches du monument et sur le premier plan du tableau. Cette composition restera un sujet d'étonnement, d'admiration et d'étude pour tous ceux que charme et qu'émeut la beauté. Pour l'harmonie des lignes générales, pour l'habile distribution et la juste relation des groupes de personnages, le caractère élevé des types, des physionomies, des attitudes, des draperies, pour la couleur sobre, forte et vraiment historique, Raphaël n'a jamais surpassé *l'École d'Athènes*. C'est à la fois un grand effort de talent et une œuvre accomplie, mais c'est aussi le premier essai dans de pareilles proportions de cet art purement représentatif ou la science remplace l'inspiration poétique, où une pensée imparfaitement définie ne semble appeler les personnages qu'à témoigner par leur beauté du savoir et de l'habileté du peintre.

L'espace qu'occupe la quatrième fresque, *la Jurisprudence*, achevée en 1511, est percé d'une fenêtre comme celui sur lequel est représenté le Parnasse, et qui lui fait face. Raphaël tourna cette difficulté en divisant son sujet en trois compositions distinctes. De chaque côté de la fenêtre, il peignit deux scènes historiques, dont l'une, *Justinien remettant le Digeste à Tribonien*, personnifie le droit civil, et l'autre, *Grégoire IX publiant les décrétales*, le droit canon. Au-dessus de ces deux ouvrages se trouvent les trois admirables figures de femmes si connues par la gravure qui symbolisent *la Justice, la Force* et *la Modération*, et dans lesquelles Raphaël a dépassé par la grandeur, l'élévation, la simplicité du style, aussi bien que par le caractère magistral de l'exécution, tout ce qu'il avait fait jusqu'alors. Ces figures présentent une ample inspiration qui ne lui est pas habituelle, et qu'il ne retrouvera qu'à deux ou trois reprises dans les Sibylles de la Pace, dans quelques-unes des figures des cartons d'Hampton-Court et dans *la Vision d'Ezéchiel*.

Le succès des peintures de la chambre de la Signature fut immense, et Jules II confia immédiatement à Raphaël la décoration d'une nouvelle salle qui prit de la plus importante des fresques que le Sanzio y exécuta le nom de *salle d'Héliodore*. Raphaël commença ce travail dès 1512, et il le poursuivit avec une extrême activité, car *la Messe de Bolsène* et l'*Héliodore* étaient terminés ou au moins très avancés au moment de la mort de Jules II, c'est-à-dire en février 1513. Les deux autres compositions, *la Délivrance de saint Pierre* et l'*Attila*, dans lesquelles le peintre a introduit le portrait de Léon X, comme il avait fait de celui de Jules dans *la Messe de Bolsène* et dans l'*Héliodore*, ne furent commencées qu'après l'élévation de Jean de Médicis au trône pontifical. Ces décorations font le contraste le plus complet avec celles de la salle de la Signature. Autant les premières sont abstraites, Calmes, conçues en dehors de toutes préoccupations du temps, autant celles-ci sont dramatiques, passionnées, pleines d'allusions aux événements d'alors, de flatteries à l'adresse des deux papes, et la force de la couleur, la bizarrerie des effets semblent également refléter la violence des sentiments qui les inspirèrent. Une fois cette donnée admise, quelle variété, quelle richesse, quelles ressources d'invention, ne trouvera-t-on pas dans ces quatre compositions ! quelle énergie et quelle passion dans les trois femmes qui sont à genoux sur le devant du tableau d'*Héliodore*[15] ! quel mouvement dans le cavalier et dans les deux anges qui l'accompagnent ! La fresque est-elle jamais arrivée à une plus grande puissance de couleur et d'effet que dans *la Messe de Bolsène* ? Et Raphaël ou tout autre peintre a-t-il jamais donné aux têtes de ses personnages des expressions plus fortes et plus profondes que celles de Jules II et des cardinaux qui l'entourent dans ce tableau ?

Quoiqu'à l'époque où nous sommes parvenus Raphaël eût déjà de très nombreux élèves auxquels il faisait exécuter les parties accessoires de ses compositions, on pense qu'il peignit au moins en très grande partie de sa propre main les sujets principaux de cette salle. Il n'en est pas de même pour la suivante, celle de Charlemagne, peinte en 1516 et 1517, mais par ses élèves, car, excepté dans la composition de *l'Incendie du Bourg*, la seule importante parmi les quatre fresques qui décorent cette salle, il est impossible de reconnaître l'auteur du *Parnasse*, de *la Jurisprudence* et de l'*Héliodore*. Raphaël, surchargé de travaux, à part quelques ouvrages importais dont il se réservait l'exécution, ne pouvait plus guère dès lors que préparer les dessins que peignaient sous son inspiration immédiate une légion de peintres dont quelques-uns étaient des artistes distingués, et qui étaient venus, non-seulement de toutes les parties de l'Italie, mais de tous les pays de l'Europe, se placer sous sa direction. « Il avait su établir parmi eux, dit Vasari, une telle harmonie, que jamais la moindre jalousie ne vint troubler leur union… Il mettait une complaisance extrême à initier aux mystères de son art ses disciples, qu'il aimait comme ses enfants. Aussi, lorsqu'il sortait pour aller à la cour, où il occupait une place de gentilhomme de la chambre, il avait toujours un cortège de cinquante peintres, hommes intelligents et vaillants, qui l'accompagnaient. »

La salle de Constantin, la dernière de celles que Raphaël avait été chargé de décorer au Vatican, et pour laquelle il avait préparé quelques dessins en 1519 et 1520, ne fut peinte qu'après sa mort par ses élèves, et presque entièrement, semble-t-il, par Jules Romain. Deux figures seulement, la Justice et la Prudence, sont de la main de l'Urbinate. Elles se trouvent à droite et à gauche de *la Bataille de Constantin*, et n'ont d'autre intérêt que d'être la seule tentative qu'ait faite Raphaël de peindre à l'huile sur préparation à la chaux, à l'exemple de Sébastien del Piombo.

Cependant les *Stanze*, pour être un monument unique dans l'histoire de l'art, et, dans leur ensemble imposant, l'œuvre la plus considérable de Raphaël, celle qui donne la plus haute idée de l'élévation et de la souplesse de son génie, ne sont pas les seules peintures décoratives qu'il ait exécutées au Vatican. En 1514, Bramante était mort sans avoir terminé les galeries qui entourent de trois côtés la cour de Saint-Damassus. Raphaël fut chargé par Léon X d'achever cette construction et d'en diriger l'ornementation. On avait déblayé depuis quelques années les chambres enfouies des thermes de Titus, et retrouvé dans toute leur fraîcheur les peintures et les stucs qui les décoraient. Raphaël comprit aussitôt le parti qu'on pourrait tirer de ces gracieux motifs. Il prit les arabesques antiques pour point de départ, et, en les modifiant au gré de sa fantasque imagination, en y introduisant des emblèmes, des figures détachées, une foule de petits sujets, jusqu'à des fleurs et des fruits, il créa un genre nouveau qui n'est pas une des moindres preuves de la souplesse de son esprit. Il faut dire que dans ce travail il fut merveilleusement secondé par plusieurs de ses élèves, surtout par Jean d'Udine, et que c'est à l'écolier autant qu'au maître, qui ne fit guère qu'inspirer ces ornements exquis, que revient l'honneur de ces chefs-d'œuvre de délicatesse et de goût.

Toutefois c'est bien Raphaël qui est le seul auteur des dessins dont il fit décorer le plafond de la galerie du second étage. Les cinquante-deux petits tableaux qui composent cet ensemble ont été peints par ses élèves, à l'exception du premier d'entre eux, *Dieu créant le ciel et la terre*, qui est de sa main. Ils ont été très souvent gravés. Ils représentent les principales scènes de l'Ancien et du Nouveau Testament, et sont connus sous le nom de *Bible de Raphaël*. Toute description qu'on en voudrait faire serait à la fois superflue et impossible.

L'esprit est vraiment confondu du nombre, de l'importance, de la variété des travaux que Raphaël projetait, dirigeait ou exécutait lui-même. Michel-Ange, dont le témoignage en pareille matière a sa valeur, « s'émerveillait, nous dit Condivi, de l'ardeur infatigable que le Sanzio mettait à dessiner de mille manières ses compositions avant de les exécuter, à copier les antiques, à esquisser continuellement de nouvelles inventions. » On ne peut se dissimuler cependant que bien des traces de lassitude se remarquent dans quelques parties de ces grands ouvrages. L'esprit de Raphaël était plus intelligent et ingénieux que créateur et spontané. Guidé par un admirable instinct de la beauté qui fut son vrai génie, il comprenait tout, s'assimilait tout, transformait tout en œuvres accomplies ; mais une inspiration personnelle ne vivifie pas, et tant s'en faut, à un égal degré tout ce qu'il a fait. C'est encore Michel-Ange qui le dit : « il devait plus à l'étude qu'à la nature ; » et si on entend par la nature la force innée, une puissance en quelque sorte native, et que le travail n'aurait pas besoin de féconder, ce mot est vrai. La rhétorique n'existe pas seulement en littérature, et c'est le beau académique, le conventionnel, qui lui correspond dans les arts du dessin. Cette transaction entre les manières extrêmes de concevoir et d'exprimer la forme, cette beauté moyenne, sans individualité, sans réalité, sans vie, ce modèle trop connu qui se transmet dans l'école, cette maladie désastreuse qui atteint l'art aussitôt qu'il s'éloigne de sa source, la nature, n'a point épargné Raphaël. Je sais ce qu'on doit à un nom tel que le sien, et de quelle respectueuse absolution il faut couvrir quelques faiblesses en faveur de tant de chefs-d'œuvre ; mais je le demande, à la vue de ses deux figures de la salle de Constantin, de celles du *Massacre des Innocent* dans la gravure de Marc-Antoine, de celles même, si magistrales cependant, de la jeune femme qui, à genoux sur le devant du tableau, lève les bras vers le ciel, et de l'homme qui porte son père dans *l'Incendie du Bourg*, de tant d'autres encore qu'il serait inutile de rappeler, ne ressent-on pas un peu d'ennui ? ne prévoit-on pas que l'académie s'avance, et avec elle un cortège de compositions toutes faites, de formes usées, dans lesquelles une pratique savante tiendra lieu de sincérité et d'inspiration ? On voudrait pouvoir dire au grand peintre qui se copie, s'imite et se répète, qui n'obéit plus qu'à une impulsion molle de sa pensée : Retourne aux deux seules sources vraiment fécondes, toi-même et la nature ; cherche dans ton âme la force qui crée ; presse la mamelle de l'*alma parens*, de l'inépuisable réalité. Touche la terre, Antée !

Les décorations du Vatican sont loin d'être les seules peintures murales qu'ait exécutées Raphaël. Pendant que se continuait cette vaste entreprise, il avait fait quelques-unes de ces œuvres grandioses dans lesquelles le plus gracieux des peintres atteint presque à la sublimité de style de Michel-Ange : je veux parler des dessins pour les mosaïques de la chapelle Chigi à Santa-Maria-del-Popolo, du prophète *Isaïe* sur un des piliers de San-Agostino, et surtout des célèbres *Sibylles* de l'église de Santa-Maria-della-Pace. Tout en reconnaissant l'impression profonde qu'avaient faite sur l'esprit du Sanzio les décorations de la chapelle Sixtine, et combien il sut profiter, pour agrandir sa manière, des exemples du sculpteur florentin, il ne faut voir aucune imitation servile dans une préoccupation naturelle et motivée, et dans une influence que Raphaël, avec son discernement habituel, ne subit que juste assez pour se fortifier, et sans abdiquer en aucune manière sa personnalité.

Michel-Ange et Raphaël se rendaient mutuellement pleine justice ; mais leurs idées, leur genre de talent, leur manière de vivre présentaient de telles différences, qu'il n'est pas étonnant qu'une sorte de rivalité, envenimée par les discussions passionnées de leurs élèves et de leurs partisans, ait existé entre eux, et qu'il en soit résulté des rapports difficiles et tendus qui se traduisirent plus d'une fois en paroles amères. Raphaël, jeune, élégant, heureux, faisait un contraste frappant avec l'austère et sombre Michel-Ange. « Il ne vivait pas comme un peintre, dit Vasari, mais comme un prince. » Et cette existence bruyante d'un homme qu'il appréciait, mais en le jugeant, inquiétait et irritait le Florentin. On raconte qu'un jour les deux artistes s'étant rencontrés dans la cour du Vatican, l'un, entouré de son cortège d'élèves, allant aux *Stanze*, l'autre se rendant solitairement à la chapelle, Michel-Ange dit au Sanzio : « Vous marchez avec une grande suite, comme un général ; » à quoi Raphaël aurait répondu : « Et vous, vous allez seul comme le bourreau. » Le mécontentement, l'humeur de Michel-Ange se montrèrent clairement dans la protection qu'il donna, s'il faut en croire Vasari, à Sébastien del Piombo, avec le désir de l'opposer à Raphaël dans la peinture à l'huile et de chevalet, qu'il n'avait lui-même que peu ou point pratiquée, et pour laquelle il témoigna toujours un profond mépris. On est fondé à croire qu'il est l'auteur d'une partie des dessins de *la Résurrection de Lazare* de la galerie nationale de Londres, que Sébastien fit pour le cardinal de Médicis, qui avait commandé dans le même temps le tableau de *la Transfiguration* à Raphaël, et on reconnaît également le dessin hardi du peintre de la Sixtine dans *le Christ à la Colonne* que le Vénitien exécuta dans la chapelle Borghesini à San-Pietro-in-Montorio. Raphaël n'avait rien à craindre de Sébastien, et se doutant de l'intention qui poussait le sculpteur à favoriser son rival, il dit avec beaucoup de bonne humeur et d'esprit : « Je me réjouis de la faveur que me fait Michel-Ange, puisqu'il me prouve par là qu'il me croit digne de lutter contre lui et non contre Sébastien. » Du reste, si quelque chose doit surprendre, c'est que ces deux grands hommes, rivaux dans le même art, dans les faveurs du public et des princes qui les employaient, n'aient jamais cherché à se nuire, et qu'à part quelques vivacités de paroles, qui chez d'autres se seraient sans doute transformées en scandaleux conflits, leurs rapports soient toujours restés parfaitement dignes et honorables. Jamais en effet ils ne se sont laissé entraîner l'un contre l'autre à aucune de ces intrigues, de ces mauvaises jalousies que la diversité et en quelque sorte l'antagonisme de leurs caractères auraient pu si facilement faire éclater.

On a beaucoup exagéré d'ailleurs cette rivalité entre Michel-Ange et Raphaël, comme le démontre entre autres l'anecdote rapportée par Cinelli à propos des fresques de la Pace. Raphaël d'Urbin avait peint pour Agostino Chigi à Santa-Maria-della-Pace quelques prophètes et quelques sybilles sur lesquels il avait reçu un à-compte de 500 écus. Un jour il réclama du caissier d'Agostino le complément de la somme à laquelle il estimait son travail. Le caissier, s'étonnant de cette demande et pensant que la somme déjà payée était suffisante, ne répondit point. « Faites estimer le travail par un expert, dit Raphaël, et vous verrez combien ma réclamation est modérée. » Giulio Borghesi (c'était le nom du caissier) songea tout de suite à Michel-Ange pour cette expertise, et le pria de se rendre à l'église et d'estimer les figures de Raphaël. Peut-être supposait-il que l'amour-propre, la rivalité, la jalousie, porteraient le Florentin à amoindrir le prix de ces peintures. Michel-Ange alla donc, accompagné du caissier, à Santa-Maria-della-Pace, et, comme il contemplait la fresque sans mot dire, Borghesi l'interpella. « Cette tête, répondit Michel-Ange en indiquant du doigt une des sybilles, cette tête vaut cent écus ! — Et les autres ? demanda le caissier. — Les autres valent autant. » Cette scène avait eu des témoins qui la rapportèrent à Chigi. Il se fit raconter tout en détail, et, commandant d'ajouter aux 500 écus pour cinq têtes 100 écus pour chacune des autres, il dit à son caissier : « Va remettre cela à Raphaël en paiement de ses têtes, et comporte-toi galamment avec lui, afin qu'il soit satisfait, car s'il voulait encore me faire payer les draperies, nous serions probablement ruinés. »

Depuis son séjour à Florence, où, en étudiant le carton de la guerre de Pise, il avait si sensiblement fortifié et agrandi son dessin, Raphaël n'avait jamais cessé de se préoccuper de Michel-Ange. Il disait lui-même « qu'il rendait grâces au ciel de l'avoir fait naître pendant la vie de ce grand homme ; » mais il était trop intelligent pour ne point comprendre qu'il ne pouvait pas s'aventurer trop loin sur le terrain de son tout-puissant rival, sans risquer de dénaturer son talent. Il ne l'imita donc point, et l'influence qu'eut sur lui Michel-Ange fut celle qu'exerce naturellement une individualité aussi robuste sur une nature délicate, sympathique et accessible aux impressions. En voyant les œuvres souveraines de Buonarotti, Raphaël ne se dissimula sans doute pas qu'il ne s'élèverait jamais à de pareilles hauteurs. Il trouvait son sort assez beau pour n'avoir rien à envier à personne ; il n'aurait pas changé sa brillante existence contre l'amère destinée du Florentin, et il se borna avec raison à chercher dans d'inimitables modèles ce qui pouvait développer, agrandir, élever et fortifier son gracieux génie.

Cette influence qu'eut Michel-Ange sur Raphaël ne cessa cependant d'augmenter d'année en année, et si l'Urbinate eût vécu plus longtemps, elle aurait pu lui être fatale. Elle devient très sensible à partir des admirables figures de *la Jurisprudence* dans la salle de la Signature, qui furent exécutées en 1512, précisément à l'époque où Michel-Ange découvrit la première partie de la chapelle Sixtine. On la retrouve dans quelques figures de l'*Héliodore*, et d'une manière fâcheuse dans la plupart de celles de *l'Incendie du Bourg*. Dans les sublimes *Sybilles* de la Pace, elle se mêle d'une manière si heureuse à l'inspiration propre de Raphaël, que bien que l'on puisse penser qu'il ne les aurait jamais faites s'il n'avait vu et étudié Michel-Ange, ces fresques grandioses lui appartiennent absolument, et on doit lui en laisser tout l'honneur. Dans un petit nombre d'ouvrages au contraire, la préoccupation de Buonarotti est si nettement accusée qu'on pourrait les appeler une imitation. Je n'en donnerai pour exemple que l'*Isaïe*, que Crespi, fils de l'Espagnolet, vit avant qu'il n'eût été dégradé par le temps et les restaurations, et dont il disait : « J'avoue que je restai surpris en le voyant, et qu'à la grandeur du style, à la hardiesse et à la liberté du dessin, je l'aurais jugé de Michel-Ange. »

C'est en 1514 que Raphaël exécuta pour Agostino Chigi les *Sibylles* de la Pace. C'est dans cette année encore qu'il fit pour le même riche banquier *le Triomphe de Galatée* à la Farnésine, et s'il était besoin de prouver par un nouvel exemple la souplesse de son esprit et la diversité de son génie, il suffirait de rappeler que l'un de ses plus sévères et l'un de ses plus gracieux ouvrages furent faits en même temps. Agostino Chigi aimait passionnément les arts. Originaire de Sienne, où il avait passé la plus grande partie de sa vie, il avait affermé des mines de sel et d'alun qui appartenaient au Saint-Siège. Ses intérêts commerciaux l'appelaient souvent à Rome, et il finit par s'établir dans cette ville. Il était lié avec les artistes et les hommes les plus illustres de son temps, et il employait son immense fortune de la manière la plus intelligente et la plus généreuse. Il avait fait construire dans le Trastevere, par l'excellent architecte Balthazar Peruzzi, la charmante habitation qu'on appelle la Farnésine. Il avait fait venir de Venise Sébastien del Piombo, qui décora plusieurs parties de ce palais, et demandé à Raphaël, qu'il avait déjà chargé de construire sa chapelle sépulcrale de Santa-Maria-del-Popolo, de décorer la galerie principale de son palais, divisée en plusieurs compartiments. L'Urbinate, sollicité de toutes parts, n'exécuta que *le Triomphe de Galatée*, et ce ne fut que plusieurs années plus tard qu'il fit les beaux dessins de *l'Amour et Psyché* d'après la fable d'Apulée, et que ses élèves peignirent sous sa direction le plafond, les voussures et les lunettes de *la Loggia* de la Farnésine.

On comprend, en voyant ces belles et gracieuses peintures, avec quelle sympathie et quel soin Raphaël avait étudié l'art antique. On sait qu'il s'entourait d'une foule de renseignements qu'il devait soit à ses savants amis, à Castiglione, au cardinal Bibiena, à l'Arioste, dont il avait fait la connaissance en 1516 et qui lui indiqua, dit-on, le sujet de *l'Amour et Psyché*, soit à des dessinateurs qu'il avait envoyés en Sicile et jusqu'en Grèce. On trouve à chaque pas dans ses peintures des réminiscences de l'antiquité ; mais si l'étude intelligente qu'il fit des monuments de la Grèce et de Rome fortifia le sentiment déjà si vif qu'il avait de la beauté, ce n'est qu'à la nature particulière de son poétique génie qu'il doit d'avoir revêtu la forme gracieuse, forte, noble et sereine, telle que la concevaient les anciens, d'une pureté ingénue, d'une chasteté qui à ce degré n'appartiennent qu'à lui, et qu'il a toujours mises dans ses plus libres ouvrages. Raphaël avait puisé son idéalisme chez les platoniciens de Florence, et il paraît s'être rendu un compte très précis du but que l'art doit poursuivre. « Il avait coutume de dire, rapporte Zuccaro, que le peintre doit représenter les choses non pas comme les fait la nature, mais comme elle les devrait faire, » et il commente lui-même cette pensée dans la célèbre lettre écrite à Castiglione précisément à propos de la *Galatée*. « Quant à la *Galatée*, dit-il, je me tiendrais pour un grand maître, si elle avait seulement la moitié des mérites dont vous me parlez dans votre lettre ; mais j'attribue vos éloges à l'amitié que vous me portez. Je sais que, pour peindre une belle personne, il me faudrait en voir plusieurs, et que vous fussiez avec moi pour m'aider à choisir celle qui conviendrait le mieux ; mais il y a si peu de bons juges, et de beaux modèles que je travaille d'après une certaine idée que j'ai dans l'esprit. J'ignore si cette idée a quelque excellence, mais je m'efforce de la réaliser. »

Cette idée que Raphaël avait dans l'esprit, et qu'il s'efforçait de réaliser, est la loi suprême de l'art. Que l'on s'en rende compte ou que l'on agisse d'instinct, lorsque l'on fait bien, c'est qu'on lui obéit. « La peinture, dit Poussin dans sa langue énergique, est amoureuse du beau ; c'est de ce beau accompli qu'elle retrace l'image. » C'est cette doctrine de l'idéalisme dans l'art que Hegel a renouvelée de nos jours avec tant de netteté. « L'artiste ne prend pas, quant aux formes et aux modes d'expression, tout ce qu'il trouve dans la nature, et parce qu'il le trouve ainsi. S'il prend la nature pour modèle, ce n'est pas parce qu'elle a fait ceci ou cela de telle façon, mais parce qu'elle l'a bien fait. Or ce *bien* est quelque chose de plus élevé que le réel lui-même tel qu'il s'offre à nos sens. » Et c'est en effet en poursuivant cette beauté supérieure à la réalité, en cherchant cette forme qui exprime véritablement l'idée qu'elle doit représenter, que depuis Phidias tous les grands artistes ont trouvé leurs chefs-d'œuvre.

Section IV

Les peintures murales que Raphaël exécuta au Vatican, dans l'église de la Pace et à la Farnésine, les admirables dessins qu'il donna pour les mosaïques de la chapelle Chigi à Santa-Maria-del-Popolo, doivent être regardés sans doute comme la partie la plus importante de son œuvre, comme le résultat du plus grand effort de son esprit. Ayant à représenter dans des dimensions considérables des sujets qui, pour quelques-uns du moins, n'avaient pas encore été traités par des peintres, l'élève du Pérugin, l'imitateur de Fra Bartolomeo et de Mantegna, le gracieux auteur des madones de Florence, appuyé sur la nature, sur l'art antique, soulevé et soutenu (même lorsqu'il n'en est pas directement préoccupé) par les grands exemples de Michel-Ange au-dessus du niveau naturel de son génie, après de courtes hésitations trouve sa route et crée un genre qui est à lui. Cependant, du jour de son arrivée à Rome jusqu'à la fin de sa carrière, il exécuta, concurremment avec ses grands travaux, un nombre très considérable d'ouvrages moins importants qui sont loin sans doute d'être tous de même valeur, dont plusieurs sont en grande partie de la main de ses élèves, mais qui font pénétrer plus profondément que ses fresques elles-mêmes dans l'intimité de son génie. Les tableaux de chevalet de Raphaël sont ses œuvres d'élection. Leurs dimensions, le nombre restreint des personnages qui les composent, lui permirent de mûrir sa pensée, de condenser l'intérêt, d'accomplir l'exécution, et aussi de moins recourir à ces figures toutes faites, à ces *remplissages* qui, malgré leur beauté, font tache dans la plupart de ses grandes compositions. Dans ses tableaux de chevalet, il put tout soigner. Son génie particulier, sa grâce adorable, son exquise élégance, s'y montrent plus continuellement et sans voile. Dans ces compositions d'ordre moyen, presque tout est parfait. Si son talent, en se fortifiant, a perdu quelque chose de sa juvénile ingénuité, il a gagné des qualités d'ampleur, d'énergie, d'élévation, et non-seulement les compositions de l'Urbinate, à mesure qu'il s'est approché de la fin de sa vie, sont devenues plus complètes et plus robustes, mais à bien des égards elles ont plus de beauté et de perfection absolue que celles qu'il exécuta à Florence. Plus qu'aucun autre peintre, Raphaël a gardé jusqu'à sa mort cette fleur de jeunesse, cette fraîcheur, cette vivacité d'impression, qui ne sont moins évidentes dans les ouvrages de la seconde partie de sa carrière que parce que des qualités plus mâles les font jusqu'à un certain point oublier.

Dans les tableaux de chevalet qu'il exécuta pendant son séjour à Rome, Raphaël suivit le même courant d'idées et obéit à la même impulsion qui, dans ses fresques, l'avait fait passer de l'art représentatif à l'art dramatique, de compositions où l'ordonnance est simple, la scène, les pantomimes et les expressions tranquilles, à des ouvrages plus énergiques et plus passionnés de sorte qu'on peut classer ses tableaux de l'époque romaine en deux séries : la première, qui, à de fort rares exceptions près, ne renferme que ceux dont l'action est calme, qu'il a peints de 1509 à 1514 sous l'influence des mêmes impressions qui lui dictaient ses fresques de la salle de la Signature, et parmi lesquels on compte quelques-unes de ses plus belles œuvres, *la Vierge de Foligno, la Vierge au poisson* et la *Sainte Cécile* ; la seconde, allant de 1514 à 1519, formée de compositions dramatiques telles que les cartons d'Hampton-Court, *la Vision d'Ezéchiel* et *le Spasimo*, qui correspondent d'une manière assez précise aux peintures dramatiques des dernières salles du Vatican et aux décorations de l'église de la Pace. Cette classification n'est pas du reste d'une exactitude rigoureuse, et ce n'est pas un des traits les moins remarquables du génie de Raphaël que l'aisance avec laquelle il a su aller des scènes les plus immobiles aux compositions les plus dramatiques, des sujets religieux aux sujets mythologiques, et, tour à tour préoccupé des monuments de l'antiquité et de l'exemple de ses contemporains, se pénétrer de l'esprit de ce qu'il voulait représenter, tout en conservant parfaitement intacte sa propre individualité.

Les premiers tableaux que Raphaël exécuta lors de son arrivée à Rome rappellent ses dernières compositions de Florence. Je ne mentionnerai parmi ces ouvrages de transition que la charmante vierge appartenant à lord Gravagh et que l'on nomme le *Raphaël Aldobrandini*. La figure gracieuse et élancée de la Vierge, la légèreté de la couleur, l'emploi de l'or dans les ornements des draperies et dans les auréoles, suffiraient même, si on ne le savait de reste, pour indiquer que ce tableau est contemporain de *la Dispute du Saint-Sacrement*. Il a encore cette pureté, ce charme virginal, cette fleur d'innocence et de jeunesse, si remarquables dans *la Vierge au voile* du musée de Paris ; mais une composition plus ample, un dessin très élégant en même temps que très précis, beaucoup de réalité dans les formes, dénotent à quel point la pratique de la grande peinture avait déjà développé et mûri le talent de Raphaël. On a soutenu, et je le comprends jusqu'à un certain point, que Raphaël a plus perdu que gagné en abandonnant les traditions ombriennes et florentines. Quelques-uns de ses admirateurs les plus fervents refusent de reconnaître comme des œuvres dignes du *peintre divin* les ouvrages qu'il exécuta à Rome ; mais il me paraît cependant de toute évidence qu'il s'est modifié dans le sens naturel de son génie, qu'il est allé de la faiblesse à la force relative, et qu'il a marché du côté que les circonstances et le temps indiquaient.

La Vierge de Foligno, l'un des plus beaux ornements du musée du Vatican, a été peinte vers 1511, et se place par sa date en tête de ces madones glorieuses dont *la Vierge de saint Sixte* du musée de Dresde est la dernière et la plus sublime expression. La composition est beaucoup plus importante et plus complète que celle des tableaux du même sujet exécutés à Florence. La Vierge n'est plus cette charmante jeune mère, tendrement inclinée vers les deux beaux enfants, telle que le peintre l'a comprise jusqu'ici. Assise sur les nuages, c'est une reine céleste qui montre au monde son fils divin. Quatre personnages, groupés deux par deux de chaque côté du tableau, représentent l'humanité, qui la prie et qui l'adore. Le donataire, Sigismond Conti, à genoux, est présenté à la Vierge par son patron saint Jérôme. Vis-à-vis, saint François paraît montrer le peuple et solliciter pour lui la bienveillance divine. Saint Jean-Baptiste, debout comme saint Jérôme et lui faisant pendant, montre de la main le Christ à la foule, qu'on suppose rassemblée autour du tableau. Le milieu de la composition est occupé par un ange, debout et tenant un cartel. Autant le type élevé du visage de la Vierge, l'ensemble majestueux de toute sa personne, la beauté de l'enfant, transportent l'esprit dans une région idéale, autant les expressions marquées, les gestes suppliants des saints et du donataire, qui occupent le bas du tableau rappellent les misères de la réalité ; sans sortir des lois de la peinture, Raphaël a su indiquer d'une manière poétique et précise, par le choix des types et des expressions, non-seulement le sens direct de la scène, mais la différence de nature des personnages qui la composent. Ce tableau, outre sa beauté, a une importance particulière dans l'œuvre de Raphaël, en ce qu'il dénote une préoccupation très manifeste à l'égard des procédés d'exécution, et en particulier de la couleur. En 1511, Sébastien del Piombo venait d'arriver à Rome. L'étude exclusive des œuvres de Michel-Ange n'avait point encore pu modifier sa manière. Il apportait de Venise le coloris brillant de son maître Giorgione. Raphaël paraît avoir été très frappé par la vivacité et l'éclat de sa peinture, par toutes les qualités séduisantes qui distinguent l'école vénitienne. Il résolut de suivre sur son terrain le peintre qu'on lui opposait et de transformer sa couleur, comme il avait fait son dessin. On peut contester qu'il ait réussi ; mais à partir de ce moment sa facture devint certainement plus libre et plus large, sa couleur plus brillante, et d'ailleurs l'influence très directe de Sébastien est évidente non-seulement dans *la Vierge de Foligno*, mais dans plusieurs des ouvrages que Raphaël fit à Rome et qui sont entièrement de sa main, entre autres *la Messe de Bolsène*, les portraits de Jules II de la galerie Pitti et d'Altoviti du musée de Munich, *le Joueur de violon* du palais Sciarra, ainsi que l'admirable figure de femme de la Tribune de Florence, dont la couleur est si éclatante qu'on l'a souvent attribuée à Giorgione [16].

C'est à la même époque, aux années 1512 ou 1513, qu'il convient de rapporter un autre des chefs-d'œuvre de Raphaël dans ce genre, *la Vierge au poisson*, du musée de Madrid. Ce tableau présente ces caractères d'élévation dans la pensée, de beauté des types, de force dans le coloris, que l'on remarque dans la *Madone de Foligno*. Je ne sais même si la disposition n'en est pas plus grande, la conception des personnages principaux plus poétique, le visage de Marie plus majestueux et plus sublime, l'effet de l'œuvre entière plus sérieux et plus saisissant. Encore ici, ce n'est pas seulement comme mère que Marie est représentée, mais comme personnage divin, écoutant les prières des hommes et intercédant pour eux. L'ange Raphaël lui présente le jeune Tobie, qui lui apporte un poisson comme offrande et lui demande la guérison de son père. La prière du jeune homme est exaucée, car le Christ étend vers lui sa main droite, soit pour le bénir, soit, comme il le semble à l'effort qu'il fait pour échapper à sa mère qui le retient, pour recevoir son présent.

La *Sainte Cécile* de la pinacothèque de Bologne fut commandée à Raphaël par le cardinal de Pucci pour l'église de San-Giovanni-in-Monte de cette ville. Commencée en 1513, elle ne fut pas terminée avant 1515, et c'est vers cette époque que le Sanzio l'envoya à son vieil ami Francia en le chargeant de veiller au déballage de son tableau, et, « dans le cas où il lui serait arrivé quelque accident, de le réparer, ainsi que de le corriger, s'il y découvrait quelque défaut [17]. » Cette composition est une des plus poétiques, des plus élevées et on peut dire des plus religieuses que Raphaël ait imaginées. La sainte, debout au milieu du tableau, est entourée de saint Paul et de Marie-Madeleine, de saint Jean l'évangéliste et de saint Augustin. La tête vers le ciel, elle laisse tomber sa harpe en entendant les cantiques des bienheureux, qui répondent à ses chants. Je ne crois pas que l'ivresse de l'extase ait jamais été représentée avec tant de force et dans des conditions si complètes de beauté pittoresque.

Sainte Cécile n'est presque plus sur la terre ; son âme s'élance hors d'elle pour se mêler aux chœurs des esprits glorifiés, et il semble qu'un souffle suffirait pour l'emporter vers la céleste patrie. Le rêve qu'elle faisait dans ses mystiques ardeurs se réalise. Elle entend, elle voit de ses yeux ces êtres mystérieux que sa pieuse et poétique imagination lui montrait dans les profondeurs de l'infini. Elle est sur les confins des deux mondes, et c'est ainsi que l'on se représente saint Augustin et sa mère assis sur le rivage d'Ostie, plongeant leurs regards dans le ciel entr'ouvert, et s'entretenant des choses éternelles.

Les cartons, qui à bien des égards tiennent de la décoration murale plus encore que de la peinture de chevalet, doivent être placés au premier rang parmi les ouvrages dramatiques de Raphaël. Ces compositions sont très importantes par les dimensions ; elles le sont bien davantage par l'abondance, la force et l'imprévu de l'invention, la liberté, la spontanéité de l'exécution, un caractère frappant, une originalité vive, une élévation de style, que Raphaël est loin d'avoir mis au même degré dans toutes ses œuvres. Ces grands ouvrages, commandés par Léon X pour servir de modèles aux tapisseries destinées à orner dans certains jours les murs du presbytère de la chapelle Sixtine, et que le pape voulait faire exécuter dans les célèbres fabriques de Flandre, furent commencés en 1514 et terminés l'année suivante. Ils étaient au nombre de dix et même de onze, en y comprenant *le Couronnement de la Vierge* ; mais trois d'entre eux, S*aint Paul en prison, le Martyre de saint Etienne* et *la Conversion de saint Paul*, sont perdus. Heureusement que les tapisseries du Vatican qui ornent la galerie dite degli Arazzi, qui nous sont parvenues dans un assez bon état de conservation, permettent de compléter ces lacunes et de se représenter d'une manière suffisante cet admirable ensemble. Les sept cartons qui nous restent, et qui sont le plus bel ornement de la galerie d'Hampton-Court, ont malheureusement beaucoup souffert. Les ouvriers d'Arras les avaient découpés en morceaux pour faciliter leur travail. Les cartons restèrent entre leurs mains jusqu'au moment où Charles Ier les acheta. Ils furent mis en vente avec les autres ouvrages d'art appartenant à ce prince, et Cromwell en ordonna l'acquisition ; mais ce ne fut que sous le roi Guillaume qu'on en réunit les fragments et qu'on les mit dans l'état où ils sont aujourd'hui. Malgré tous ces accidents, malgré les restaurations maladroites qui, plus encore que le temps et les hasards, les ont dégradés, quoique Raphaël n'y ait pas seul travaillé, et que la main de ses élèves s'y montre dans plus d'un endroit, ils restent un des plus splendides monuments de l'art moderne. Ce ne sont pas des cartons tels que ceux que l'on prépare pour servir à la peinture à fresque, mais de vrais tableaux coloriés à la détrempe, dont les teintes plates sont relevées par des hachures à la craie noire. Ce genre de peinture permet une exécution rapide et pour ainsi dire sommaire. Il a le charme de la fresque, sa douceur et sa clarté, et il permet cependant les retouches que la décoration murale ne comporte pas. Dans ces belles et savantes improvisations, Raphaël ne fut gêné par aucun des embarras, aucune des lenteurs et des difficultés d'exécution particulières à des œuvres de cette importance. Il put s'abandonner sans réserve à sa verve créatrice et donner à ces compositions le caractère poétique et spontané qui les distingue à un si haut degré.

Les sujets de ces cartons sont empruntés aux Actes des Apôtres. Outre ceux que j'ai déjà cités, sur le sort desquels on ne possède aucun renseignement, ce sont : *Saint Paul prêchant à Athènes, le Sacrifice de Lystra, la Pêche miraculeuse, le Christ et Saint Pierre, la Guérison du Paralytique, la Mort d'Ananie, le Magicien Elymas frappé de cécité*. On le voit, si le mode d'exécution était nouveau, la nature des sujets l'était également. Les scènes purement historiques du Nouveau-Testament ont rarement été représentées par les peintres de la renaissance, et ce n'est que dans la chapelle Brancacci de l'église del Carmine que l'on trouve des compositions analogues à celles de ces tableaux. Nous savons par Vasari que Raphaël avait étudié les œuvres de Masaccio, qui, jusqu'au carton de la guerre de Pise de Michel-Ange, servirent pour ainsi dire d'école aux artistes de cette époque. Raphaël se souvint, en dessinant ces compositions, de ses premières études de Florence, et il emprunta aux admirables fresques de Masaccio et de ses élèves plusieurs des meilleures figures des cartons, celles entre autres de saint Paul dans *Elymas frappé de cécité* et dans *la Prédication à Athènes*, ainsi que celle de l'homme qui médite dans ce dernier tableau.

C'est dans ces cartons que se montrent dans tout leur éclat les plus éminentes qualités de Raphaël. Force et originalité de l'invention, beauté, des types, explication simple et dramatique du sujet, agencement clair et savant des groupes, distribution habile et large de la lumière, grand caractère des draperies, tout s'y trouve réuni. Je ne veux pas tenter une description d'autant plus impossible que ces ouvrages, étant conçus dans des données vraiment pittoresques, doivent être vus pour être compris. Je voudrais faire remarquer cependant quelle grandeur et quelle vérité Raphaël a su donner à son saint Paul, qui revient toujours le même et toujours différent dans plusieurs de ces compositions. Je ne connais rien de plus grand que cette figure de l'apôtre des gentils prêchant à Athènes,

Suspendant tout un peuple à ses haillons divins !

rien de plus dramatique et de plus émouvant que le même apôtre déchirant ses vêtements dans *le Sacrifice de Lystra*. L'art semble ne lui avoir donné qu'une réalité historique plus grande, et c'est de lui que Bossuet a parlé : « Il ira, cet ignorant dans l'art de bien dire, avec cette locution rude, avec cette phrase qui sent l'étranger, il ira en cette Grèce polie, la mère des philosophes et des orateurs, et malgré la résistance du monde il y établira plus d'églises que Platon n'y a gagné de disciples avec cette éloquence qu'on a crue divine. » Cependant ce n'est pas seulement dans ces grandes compositions que Raphaël a su mettre à ce degré suprême le style, la force, le caractère dramatique : le tableau de *la Vision d'Ezéchiel*, ce trésor de la galerie Pitti, est moins grand que les deux mains ; mais Raphaël a donné à la figure du Père éternel, aux quatre animaux qui symbolisent les évangélistes et aux deux anges qui complètent ce groupe, tant de majestueuse beauté, un caractère si prodigieux, que l'esprit se sent emporté par le tourbillon prophétique dans ces espaces mystérieux où le prêtre chaldéen entendit retentir les paroles menaçantes de Jéhovah.

Parmi toutes les compositions où Raphaël a exprimé les émotions les plus intimes et les plus violentes de l'âme, la plus émouvante, la plus pathétique est certainement le portement de croix du musée de Madrid, connu sous le nom de *Spasimo di Sicilia*. Ce tableau, exécuté en 1517, était destiné à un monastère de Palerme, où la Vierge était invoquée contre les convulsions. Le navire qui le portait périt corps et biens sur la côte de Gênes. La caisse qui le renfermait fut jetée sur le rivage. La peinture était intacte, ce qui fut regardé comme un miracle. Les Génois ne voulaient pas entendre parler de rendre le chef-d'œuvre, et il fallut l'intervention de Léon X pour le faire restituer au monastère de Palerme. Au commencement du XVIIe siècle, Philippe IV le fit secrètement enlever, et dédommagea le couvent par une rente perpétuelle de 1,000 écus. Apporté à Paris, il fut mis sur toile en 1810, puis rendu à l'Espagne en 1814. Il a beaucoup souffert de tous ces voyages et des restaurations qu'il a subies. Son aspect est désagréable et cuivré, et pourtant ce n'est que sur place que l'on peut juger ce chef-d'œuvre, dont la gravure, cependant passable, qu'on en possède ne donne qu'une idée affaiblie. La forme du tableau, commandée par celle de l'emplacement qu'il devait occuper au-dessus de l'autel, n'est pas favorable. Raphaël a été forcé de développer la scène en hauteur, et il a tourné les difficultés que présentait cette disposition avec le plus rare bonheur. Le funèbre cortège sort de Jérusalem, dont on aperçoit la porte et les murailles sur la droite. Il se déroule sur le devant du tableau et se replie pour monter vers la colline de Golgotha, qui forme le fond d'un admirable paysage. Le porte-drapeau à cheval en marque la tête, et du geste hâte sa marche. Le Christ, tombé sur ses genoux, succombant sous son infâme fardeau, occupe le milieu de la scène. La main gauche s'appuie sur le sol, la droite retient la croix, comme pour protester que, trahi par les forces humaines, il veut cependant accomplir son sacrifice jusqu'au bout. Un bourreau, auquel on reprocherait son caractère théâtral, s'il était possible de s'arrêter à une critique devant un tel chef-d'œuvre, tire la corde qui attache le Christ. En arrière, Simon de Cyrène, admirable de force et de caractère, soulève la croix. La droite du tableau est occupée par les saintes femmes et par les disciples. Ce groupe des femmes et des disciples est à lui seul un des prodiges les plus extraordinaires de l'art. Les divers personnages qui le composent expriment les sentiments les plus passionnés ; la douleur s'y trouve pour ainsi dire représentée sous toutes ses formes : grave et contenue chez les disciples, profonde et intime dans la belle figure de saint Jean, attendrie et mêlée de compassion chez les deux Marie, déchaînée chez Madeleine, elle arrive dans la Vierge, qui se précipite et tend les deux bras, à l'expression la plus pathétique du désespoir. Et cependant nulle part la loi suprême de l'art n'est méconnue, les mouvements les plus violents et les plus extrêmes ne troublent pas la belle harmonie des lignes, la pantomime expressive des personnages de ce groupe ne détourne pas l'attention plus qu'il ne convient de la figure du Christ, véritable sujet du tableau, et sur laquelle se concentre l'attention. Cette figure elle-même est l'une des plus parfaites et des plus émouvantes que l'art ait produites. Insulté, maltraité, méprisé, le Christ succombe, mais sa détresse est sans abaissement : c'est celle d'un Dieu. Les angoisses morales se peignent bien plus que la douleur physique sur son noble visage, et l'intensité, la profondeur, la nature de ses souffrances marquent sa divinité. Tout est pathétique dans cette sublime figure, et la posture autant que le geste, le moindre bout de draperie aussi bien que la bouche, que les yeux, que ces traits qui traduisent le plus éloquemment les émotions de l'âme, concourent à l'impression puissante qu'elle fait éprouver.

On a dit que tous les grands peintres étaient de grands portraitistes, et si à quelques égards Raphaël est resté au-dessous des Holbein, des Van-Dyck, des Titien et des Velasquez, pour ce qui regarde l'expression de la vérité psychologique et morale il a certainement égalé les peintres qui sont les maîtres en ce genre. Il suffirait de cette tête de Christ pour s'en convaincre. Mais que l'on parcoure les portraits qu'il a exécutés presque depuis le commencement jusqu'à la fin de sa carrière, depuis ceux de *Maddalena* et d'*Agnolo Doni* de la galerie Pitti jusqu'à l'admirable *Joueur de violon* du palais Sciarra, à la *Fornarine* de la Tribune, à l'*Altoviti* de Munich, au *Castiglione* du Louvre, enfin à son chef-d'œuvre dans cet ordre de sujets, le *Léon X avec les deux cardinaux* de Florence, et on se convaincra qu'il a possédé à un degré vraiment extraordinaire cette compréhension du caractère particulier de chaque individu, de sa nature personnelle, de sa vie intérieure, de son âme. L'œuvre de Raphaël est si varié, si immense, que l'on passe facilement sur quelques-uns de ses travaux qui eussent suffi à illustrer d'autres que lui ; mais cette souplesse de talent est un des traits de sa nature privilégiée, et il ne faut pas oublier que l'auteur de *l'École d'Athènes* et des cartons d'Hampton-Court a traité avec sa supériorité ordinaire les sujets de toute sorte dont il s'est occupé, que c'est au même artiste qui créa tant de figures sublimes que nous devons tant de paysages gracieux ou sévères, depuis celui du petit *Saint Géorgie* jusqu'à ceux des cartons et du *Spasimo*, qu'il a mis comme fonds dans la plupart de ses tableaux.

Raphaël exécuta pendant les deux dernières années de sa vie trois ouvrages qui, par leur importance et par leur perfection, résument sa peinture de chevalet dans ce qu'elle a de plus puissant et de plus élevé. Je veux parler de *la Vierge de François Ier*, au musée du Louvre, de *la Madone de saint Sixte* de la galerie de Dresde, et de *la Transfiguration*, que la mort l'empêcha d'achever. La Vierge du musée du Louvre a longtemps passé pour un présent fait par l'artiste au roi de France dans des circonstances assez romanesques pour mériter d'être rapportées. Raphaël, disait-on, ayant envoyé à François Ier le grand *Saint Michel* du Louvre, le prince le paya à l'Urbinate d'une manière si libérale, que celui-ci, luttant de générosité avec le roi, le pria d'accepter ce tableau à titre d'hommage. Cette anecdote, racontée par Pierre Dan, et qui est devenue pour ainsi dire historique, n'avait rien d'invraisemblable, et ne contredisait pas ce que l'on connaît des habitudes du peintre et de celles du roi. Il y faut cependant renoncer, car la correspondance de Goro Gheri avec Baldassar Turini [18], publiée par le docteur Gaye, prouve de la manière la plus péremptoire que cette *Sainte Famille* fut commandée à Raphaël, ainsi que le Saint Michel, par Lorenzo de Médicis, alors en France à l'occasion de son mariage avec Madeleine, fille de Jean de La Tour-d'Auvergne, et que ces deux tableaux, destinés l'un et l'autre par ce prince à être offerts à François Ier, furent exécutés et expédiés simultanément. On sait même qu'en date du 19 juin 1519 ils étaient partis par la voie de terre, suivant le désir du duc, et adressés aux banquiers Barthalini de Lyon. *La Vierge de François Ier* passe avec raison pour l'ouvrage le plus parfait de Raphaël dans ce genre. Il est impossible en effet d'imaginer une composition plus riche, plus pleine, plus heureuse, des types plus purs et plus variés, une exécution plus irréprochable, plus soutenue, plus soignée dans les moindres détails. Quelques-unes des parties de ce tableau, entre autres les draperies du bras et de la jambe gauche de la Vierge, sont parmi les choses les plus magistrales que Raphaël ait faites. Il travaillait pour le roi de France, et on voit qu'il s'en est souvenu. C'est là une de ces œuvres où l'étude fait sans cesse découvrir de nouvelles beautés, et quoique la couleur locale n'en soit pas agréable, et que l'on puisse reprocher à l'admirable enfant qui s'élance de son berceau un caractère académique qu'il serait inutile de contester, *la Vierge de François Ier* est une de ces créations où l'artiste a eu le bonheur de réaliser sa pensée d'une manière complète.

Si *la Sainte Famille* du musée du Louvre occupe, par son importance et par les beautés de tout genre qui s'y trouvent réunies, le premier rang parmi les tableaux de chevalet de Raphaël, *la Madone entre saint Sixte et sainte Barbe* de la galerie de Dresde la surpasse par la grandeur de la conception, par son caractère de simplicité sublime. Cette Vierge triomphante n'a plus rien de terrestre ; c'est une divinité sous la forme humaine. Son visage rappelle encore le type bien connu de la Fornarine, mais purifié et transfiguré. Entourée d'un chœur d'anges, les pieds sur les nuages, elle présente son fils au monde, et je ne crois pas que Raphaël ait jamais rien créé qui puisse se comparer à cet enfant vraiment divin. L'exécution ellemême de la peinture, ferme et large cependant, a quelque chose de léger, d'éthéré, d'immatériel, qui laisse à l'imagination toute sa liberté, et les yeux contemplent une de ces scènes surnaturelles que rêve l'esprit.

La Transfiguration fut le dernier ouvrage de Raphaël. Encore la mort le surprit-elle avant qu'il ne fût complètement achevé. Cette grande composition est loin de mériter les louanges sans réserve que quelques-uns lui ont données ; mais on outre-passe la vérité dans un autre sens, lorsqu'on lui conteste toute beauté, et il n'est pas non plus naturel d'attribuer à une sorte de décadence prématurée les réelles faiblesses qu'on y remarque. Dans certaines parties de *la Transfiguration*, Raphaël se montre aussi fort, aussi grand qu'il a jamais été. La figure du Christ montant au ciel, le Moïse et le prophète Élie qui l'accompagnent, sont au nombre de ses plus belles créations. Dans le groupe qui forme la partie inférieure de la composition, il serait injuste de méconnaître la disposition pittoresque des personnages, la beauté de quelques-uns d'entre eux, la justesse et l'éloquence des mouvements, une science du clairobscur que Raphaël n'a montrée dans aucun autre de ses ouvrages au même degré. Il est certain cependant que ce tableau laisse l'esprit irrésolu, troublé et mécontent, et je vois l'explication de ce fait bien moins dans un affaiblissement des facultés de l'Urbinate que dans le système erroné qui a présidé à la composition de cet ouvrage. *La Transfiguration* fut commandée à Raphaël, en même temps que *la Résurrection de Lazare* à Sébastien del Piombo, par le cardinal Jules de Médicis, qui fut plus tard pape sous le nom de Clément VII. Il est permis de penser que Raphaël conçut la partie inférieure de sa composition dans des données violentes, afin de lutter avec Sébastien, qu'il savait protégé et aidé par Michel-Ange. De là viennent la disparate et le désaccord pénibles qui existent, et dans la peinture elle-même, et dans le mode de composition, entre les deux moitiés de l'œuvre.

Guidé par son bon sens et par son bon goût, Raphaël a composé le groupe du Christ, de Moïse et d'Élie, ainsi que celui des trois disciples qui assistent sur le sommet du Thabor à cette scène miraculeuse, d'une manière idéale, peu affirmée, et l'exécution répond à la pensée ; au contraire, sous l'influence des circonstances que j'ai rapportées et tenant plus de compte d'une vérité en quelque sorte matérielle et textuelle que des nécessités pittoresques, il a donné à ceux de ces personnages qui sont au bas de la montagne ce caractère de naturalisme outré qui touche presque au mélodrame. Ainsi l'impression d'unité, nécessaire dans toute œuvre d'art, est détruite, l'esprit reste en suspens, et quoique Raphaël ait fait les plus grands efforts pour se surpasser lui-même dans cette composition et qu'on y trouve des beautés de premier ordre, on ne peut pas dire qu'il ait atteint le but qu'il se proposait, ni que le dernier de ses ouvrages ait la même valeur que ceux qui le précèdent immédiatement.

Section V

Raphaël se montre tout entier dans sa peinture. Il est peintre avant tout, et parmi les grands artistes de la renaissance, il est le seul qui soit aussi peu sorti de la spécialité qu'il avait adoptée. Ses travaux d'architecture, assez nombreux, ont cependant une certaine importance. Quoiqu'ils se distinguent moins par une originalité puissante que par un cachet de grâce, d'élégance, de distinction, dont le Sanzio a marqué toutes ses œuvres, ils prouvent l'aisance avec laquelle ce facile et souple génie sut appliquer ses rares facultés à l'une des branches les plus difficiles des arts du dessin, et dont il n'avait pas fait une étude particulière. Ami et protégé de Bramante, peut-être même son parent, en architecture il est son disciple, et les monuments qu'il a construits, avec moins de force et de sévérité, ont la pureté, la convenance et la beauté un peu grêle de ceux de son maître. Bramante en mourant avait recommandé Raphaël au pape, et Léon le nomma architecte en chef de la fabrique de Saint-Pierre. Raphaël n'en était pas d'ailleurs à son coup d'essai, car il avait déjà, comme successeur de Bramante, dirigé la construction de la cour de Saint-Damassus au Vatican.

Il se mit aussitôt à l'œuvre. Avant même sa nomination, il avait fait, semble-t-il, un plan pour Saint-Pierre, qui avait eu l'agrément du pontife. Malgré ses relations avec Bramante, ignorait-il le beau projet de cet architecte qui fut repris par Michel-Ange ? ou bien faut-il penser que son goût élégant le porta à préférer la croix latine à la croix grecque, plus noble, plus sévère, plus convenable pour un édifice qui devait être surmonté d'une coupole ? Il est probable qu'il faut attribuer cette erreur à quelque fantaisie de Léon X plutôt qu'au libre choix de Raphaël, car il ne paraît guère vraisemblable qu'il se soit trompé à ce point, ni qu'il ait ignoré le projet de son protecteur et de son ami. Il sentait du reste la gravité de la tâche qu'il avait acceptée, et il écrivait à Balthazar Castiglione : « Notre saint-père m'a mis un grand fardeau sur les épaules en me chargeant de la construction de Saint-Pierre. J'espère ne pas y succomber. Ce qui me rassure, c'est que le modèle que j'ai fait plaît à sa sainteté et a le suffrage de beaucoup d'habiles gens ; mais je porte mes vues plus haut. Je voudrais trouver les belles formes des édifices antiques. Mon vol sera-t-il celui d'Icare ? Vitruve me donne sans doute de grandes lumières, mais pas autant qu'il m'en faudrait. » A la fin de cette même année 1515, il suivit le pape à Florence et prit part, avec les deux Sansovino, Antonio di San-Gallo et peut-être Léonard de Vinci, au concours pour la façade de Saint-Laurent, dans lequel Michel-Ange demeura vainqueur. C'est probablement pendant ce séjour qu'il donna les plans des palais Ugoccioni sur la place du Grand-Duc, et Pandolphini dans la rue San-Gallo, qui lui sont attribués. À Rome, il construisit en tout ou en partie la villa Madama, le palais Stoppani près de Sant' Andréa della Valle, l'église de la Navicella sur le mont Cœlius, et le gracieux monument qui fait face à la Farnésine et soutient la comparaison avec l'un des chefs-d'œuvre de Balthazar Peruzzi. C'est encore lui qui donna les plans de la chapelle Chigi à Sainte-Marie-du-Peuple, qui fit le modèle de la statue de Jonas qui en décore l'une des niches. S'il fallait en croire une tradition, l'exécution même de cette figure lui appartiendrait, et ce charmant ouvrage a tant de grâce, une beauté si suave, tant de morbidesse, que cette supposition n'a rien d'invraisemblable [19].

Nommé en 1516 surintendant des édifices de Rome, il porta dans ces nouvelles fonctions une activité, une ardeur, une intelligence, dont témoignent les fragmens du beau rapport à Léon X trouvé dans les papiers de Balthazar Castiglione, et qui est bien certainement de Raphaël. Le bref de nomination le charge non-seulement, comme architecte en chef de Saint-Pierre, de « l'inspection générale de toutes les fouilles et découvertes de pierres et de marbres qui se feront dorénavant à Rome et dans une circonférence de dix milles, » afin qu'il achète « ce qui pourra convenir à la construction du nouveau temple, » mais lui donne mission de recueillir les inscriptions et les marbres antiques que Léon mettait alors beaucoup de zèle à rassembler au Vatican. « Comme il m'a été rapporté, lit-on dans cette pièce, que les marbriers emploient inconsidérément et taillent des marbres antiques sans égard aux inscriptions qui y sont gravées, et qui sont des monuments importants à conserver pour l'étude de l'érudition et de la langue latine, je fais défense à tous ceux de cette profession de scier ou de tailler aucune pierre écrite sans votre ordre ou votre permission, voulant, s'ils ne s'y conforment, qu'ils encourent la peine susdite (de 100 à 300 écus d'or). » Sa position officielle lui permit de voir l'un des premiers les peintures des thermes de Titus, et l'on sait avec quelle intelligence il les imita dans la décoration des Loges. Il ne se renferma pas du reste dans son rôle de conservateur. Les historiens contemporains assurent qu'il dessina et restitua la plupart des monuments antiques de la ville ; mais ces ouvrages périrent, à l'exception de quelques fragments, lors du sac de Rome et des troubles qui le suivirent.

Les soucis d'une fortune prodigieuse troublèrent seuls ses dernières années. Ses nombreux travaux l'avaient enrichi [20], et Calcagnini le nomme *vir prœdives*. Il était gentilhomme de la chambre (*cubicularius*) ; il menait grand train et tenait à la liberté de sa vie d'artiste. Depuis bien des années, le cardinal Bibiena le pressait d'épouser sa nièce. Raphaël avait demandé trois ou quatre ans pour réfléchir, puis s'était engagé. Déjà en 1514 il écrivait à son oncle Simon Ciarla « qu'il remercie Dieu d'être encore garçon, qu'il croit avoir plus de raisons de refuser les offres qu'on lui a faites que son oncle n'en a de lui conseiller de se marier. » Il ajoute que « le cardinal Bibiena lui avait offert une de ses parentes, et qu'il lui a promis de l'épouser avec l'agrément de ses deux oncles. » Il mentionne également d'autres propositions de la même nature. Bibiena le sommait de tenir sa promesse ; mais d'un autre côté Léon X lui faisait espérer le chapeau de cardinal [21] aussitôt qu'il aurait achevé les salles du Vatican. Il devait de grosses sommes à Raphaël, et prétendait, dit-on, s'acquitter ainsi sans bourse délier. Enfin le grand peintre vivait subjugué par l'amour d'une femme qu'il a rendue célèbre, la belle Trastevérine ; pendant qu'il travaillait à la *Galatée*, il abandonnait si souvent sa peinture pour aller chez sa maîtresse, qu'Agostino Chigi, désespérant de le fixer autrement, avait installé cette femme à la Farnésine. Il restait indécis entre son ambition, son amour et l'engagement qu'il avait pris vis-à-vis de Bibiena [22], lorsque la mort l'emporta, après une très courte maladie, le vendredi saint 6 avril 1520, le jour anniversaire de sa naissance. Il avait trente-sept ans.

Vasari attribue la mort de Raphaël à des excès de plaisirs. « Un jour, dit-il, il rentra chez lui avec une forte fièvre, les médecins crurent qu'il s'était refroidi. Il leur cacha les excès qui étaient la cause de sa maladie, de sorte que ceux-ci le saignèrent abondamment et l'affaiblirent, tandis qu'il aurait fallu le fortifier. » L'exactitude de ce désagréable récit paraît heureusement contestable. La longue durée de la liaison de Raphaël avec la Fornarine donne peu de vraisemblance à des désordres du genre de ceux dont parle le biographe. D'ailleurs il semble naturel de penser que la vie de Raphaël, minée par des travaux immenses, par une dépense exagérée des forces de l'intelligence, par de véritables excès de génie, ait pu se briser au premier choc, et les renseignements communiqués par Missirini à Longhena et publiés par celui-ci donnent sur la mort de Raphaël des détails qui sont empreints d'un cachet de vérité qu'il semble impossible de méconnaître. « Raffaello Sanzio était d'une nature très distinguée et délicate ; sa vie ne tenait qu'à un fil excessivement ténu quant à ce qui regardait son corps, car il était tout esprit, outre que ses forces s'étaient beaucoup amoindries, et qu'il est extraordinaire qu'elles aient pu le soutenir pendant sa courte vie. Étant très affaibli, un jour qu'il se trouvait à la Farnésine, il reçut l'ordre de se rendre sur-le-champ à la cour. Il se mit à courir pour n'être pas en retard. Il arriva en un moment au Vatican, épuisé et tout en transpiration : il s'arrêta dans une grande salle, et pendant qu'il parlait longuement de la fabrique de Saint-Pierre, la sueur se sécha sur son corps, et il fut pris d'un mal subit. Étant rentré chez lui, il fut saisi d'une sorte de fièvre pernicieuse qui l'emporta malheureusement dans la tombe. » Raphaël se sentit mourir. Il ordonna de renvoyer sa maîtresse, à qui il laissa par testament de quoi vivre honnêtement, et il partagea le reste de son bien entre Jules Romain, François Penni (il Fattore) et l'un de ses oncles qui était prêtre à Urbin. Il fut enterré, suivant sa volonté, dans une des chapelles du Panthéon, qu'il avait chargé Balthazar di Pescia, son exécuteur testamentaire, de faire réparer, et qu'il dota d'une rente dont resta grevée sa maison de la rue degli Coronari.

On a montré pendant longtemps, à l'académie de Saint-Luc, un crâne qu'on disait être celui de Raphaël, qui aurait été enlevé du caveau sépulcral lorsque Carle Maratte fit placer en 1674 le buste de l'Urbinate, sculpté par Nardini, dans l'une des niches qui se trouvent au-dessus de sa chapelle, à la Minerve. Ce crâne, objet d'une sorte de culte et que les peintres de Rome allaient visiter processionnellement et toucher le jour de la fête de saint Luc, était surtout remarquable par son exiguïté. Ce n'était point celui de Raphaël. Dans le courant de l'année 1833, on pratiqua des fouilles dans le soubassement de la statue de la Vierge dont Lorenzo Lotti avait décoré le tombeau de son maître. On trouva dans une voûte en brique, construite au niveau du sol, le squelette du grand artiste parfaitement intact. On lit dans une lettre adressée à M. Quatremère de Quincy par l'un des membres de la commission chargée de suivre l'enquête : « Le corps est bien proportionné ; il est haut de cinq pieds deux pouces trois lignes ; la tête bien conservée a toutes les dents, encore belles, au nombre de trente et une. La trente-deuxième, de la mâchoire inférieure à gauche, n'était pas encore sortie de l'alvéole. On revoit les linéaments exacts du portrait de *l'École d'Athènes*. Le cou était long, les bras et la poitrine délicats ; le creux marqué par l'apophyse du bras droit paraît avoir été une suite du grand exercice de ce bras dans la peinture [23]. » Cette description concorde parfaitement avec le portrait que Bellori trace de Raphaël : « Il était d'une complexion très grêle et délicate qui ne promettait pas une longue vie, car il avait le cou long et mal placé. Ces mauvaises dispositions physiques, la fatigue résultant d'études continuelles et son goût pour le plaisir durent abréger sa vie. » Du reste, les traits de Raphaël nous sont connus ; il s'est représenté dans plusieurs de ses ouvrages [24]. Son visage agréable et délicat est loin d'être régulier : le nez est grand et fin, les lèvres pleines, la mâchoire inférieure avancée ; mais les yeux sont très beaux, bien ouverts, doux et bienveillants ; les cheveux sont bruns comme les yeux, le teint olivâtre et très particulier.

Ses habitudes étaient celles d'un grand seigneur ; il vivait sur un pied d'égalité complète avec les plus illustres personnages de Rome. Sa modestie, dont parlent trop unanimement les contemporains pour qu'elle puisse être mise en doute, n'allait cependant pas jusqu'à le rendre aveugle sur son mérite, ni indifférent à l'immense réputation dont il jouissait. Il écrivait à Simone Ciarla en 1514 : « Vous voyez, très cher oncle, que je fais honneur à vous, à tous nos parents et à ma patrie. Il n'en est pas moins vrai que je garde votre souvenir dans le plus profond de mon cœur, et que lorsque je vous entends nommer, il me semble que j'entends nommer mon père. » Et il ajoute : « Je vous prie d'aller trouver le duc et la duchesse, et de leur dire, ce qu'ils auront du plaisir à apprendre, que l'un de leurs serviteurs leur fait honneur. » Il était un ami et une sorte de frère aîné et de protecteur pour ses élèves plutôt qu'un maître ; il les aidait de sa bourse, de son crédit, de ses conseils, et sut maintenir entre eux, par la seule force de l'affection qu'ils lui portaient, la plus parfaite harmonie. « Bien loin de concevoir le moindre orgueil, dit Calcagnini, il est affable pour tout le monde, prévenant et toujours prêt à écouter les avis et les discours d'autrui, surtout ceux de Fabius de Ravennes, vieillard d'une probité stoïque, mais aussi aimable que savant. Raphaël, qui l'a recueilli et qui l'entretient, a soin de lui comme de son maître ou de son père. Il le consulte en tout et défère toujours à ses conseils. » Sa bienveillance avait désarmé la jalousie ; sa nature douce, aimable, sympathique, lui avait rallié tous les cœurs ; Aussi sa mort causa-t-elle des regrets unanimes et un deuil public. Le peuple de Rome suivit ses restes, comme il devait faire plus tard pour ceux de Michel-Ange, et la foule, si indifférente d'ordinaire aux événements de cette nature, sentit le coup qui la frappait. Ses amis étaient inconsolables, et Castiglione écrivait à sa mère : « Je suis en bonne santé, mais il me semble que je ne suis pas dans Rome, puisque mon pauvre Raphaël n'y est plus. Que son âme bénie soit au sein de Dieu ! »

Le génie de Raphaël n'est pas de ceux qui s'analysent ou qui se décrivent et s'expliquent d'un mot. On a vu ses œuvres : d'emblée on les a comprises, et on les aime. C'est par une saveur particulière impossible à définir plutôt que par un trait caractéristique et dominant qu'elles se distinguent ; c'est dans leur extraordinaire ensemble et par l'irrésistible impression qu'elles produisent qu'il faut les juger. Le nom du peintre d'Urbin est devenu dans toutes les langues le synonyme de beauté, de grâce, de séduction. On l'appelle *le divin*, et le culte dont il est l'objet, si légitime à tant d'égards, est loin d'être sans superstition. On ne doit le comparer qu'à ses pairs, et je ne veux pas lui opposer les Vénitiens, qui le dépassent en splendeur et en éclat. Quant à ses rivaux véritables, il n'est sans doute pas créateur comme Michel-Ange, hardi, puissant, sublime comme lui ; mais il faut laisser le géant florentin dans son incomparable et solitaire grandeur. Si Raphaël n'a pas habituellement la science de Léonard, son intelligence des passions de l'âme, sa facture si précise, si arrêtée et si large en même temps, s'il n'a pas au même degré que le Corrège la sensibilité pénétrante, la profondeur d'impression, le sentiment de la beauté exquise et grandiose, ni le charme de la couleur, ne peut-on pas dire cependant qu'au moins, dans quelques-uns de ses ouvrages les plus accomplis, dans ceux où il a mis sa pensée tout entière, qu'il a exécutés de sa main, sur lesquels il a concentré toutes ses forces, il égale, s'il ne surpasse ces deux grands maîtres, même sur leur propre terrain ? Corrège a-t-il jamais rien fait de plus gracieux, de plus touchant, de plus poétique que le chœur des anges dans la *Sainte Cécile*, ou que la *Galatée* de la Farnésine ? Léonard a-t-il rien dessiné de plus ample et de plus précis, rien modelé de plus magistral et de plus parfait que le portrait du *Joueur de violon* du palais Sciarra ? Par la richesse, la variété, le bonheur et l'abondance de la composition, par le sentiment de la beauté gracieuse dans la forme humaine, par l'étonnante et facile fécondité de son imagination, sans contestation possible, Raphaël est le premier. Aussi, d'un consentement unanime, en a-t-on fait en quelque sorte l'incarnation de l'art moderne. Il le représente en effet mieux et plus complètement que personne. Organisation universelle, nature intelligente et, le dirai-je, heureuse entre toutes, il a tout compris, tout senti, tout exprimé. Sa peinture s'adresse à tous les esprits, à toutes les facultés, à tous les goûts. Plus qu'aucune autre, elle parcourt dans son étendue entière le clavier de l'âme humaine. Sensible et gracieuse, elle atteint parfois les plus hauts sommets de l'art, et, toujours revêtue de beauté, elle séduit facilement et entraîne l'esprit. C'est dans la réunion extraordinaire des qualités les plus diverses et dans cette merveilleuse harmonie qu'il faut chercher son originalité et l'explication de la faveur universelle dont elle jouit.

Notes

1. Il ne paraît pas que Gentile soit l'élève de Fra Angelico, comme le dit Vasari. Il était son contemporain, probablement son aîné de quelques années, et il se pourrait même qu'il ait été son maître. Il fut certainement celui de Jean Bellin. Il naquit vers 1370, et mourut à Rome très probablement en 1450. Mündler, Essai d'une analyse critique de la notice des tableaux italiens du musée du Louvre.

2. M. Planche dans la Revue du 1er janvier 1848.

3. Voyez les études sur Michel-Ange et Léonard de Vinci, Revue du 1er juillet 1859 et du 1er avril 1860.

4. 2 vol. in-8° librairie Renouard, Paris 1860.

5. Dans ses lettres, Raphaël signe Rafaelo ou Rafaello da Urbino. Les actes seuls portent son nom de famille, Santo, ou de Sancto, ou Santi. En latin, on a dit Sanctius, d'où les Italiens ont fait Sanzio.

6. Le Pérugin ne termina ses fresques de la chapelle Sixtine qu'à la fin de 1495, et ne revint par conséquent pas avant cette époque à Pérouse.

7. Le Pérugin passe pour élève de Piero della Francesca ; mais ce peintre devint aveugle en 1434, lorsque le Pérugin n'avait que douze ans.

8. Les moines de Saint-Nicolas le vendirent en 1789 au pape, qui le fit couper en plusieurs morceaux. Il resta au Vatican jusqu'à l'entrée des Français à Rome. Depuis ce moment, on en a perdu toutes traces.

9. Il en existe une répétition à Saint-Pétersbourg, mais elle est de plusieurs années postérieure à l'exemplaire du Louvre.

10. On ne trouve guère une influence un peu marquée de Léonard sur Raphaël que dans les portraits d'Agnolo Doni et de sa femme Maddalena Strozzi, au palais Pitti, ainsi que dans la Vierge au palmier, de la collection Bridgewater.

11. Ce tableau peu connu est conservé dans les appartements particuliers du roi de Naples. On le nomme à Naples la Vierge au baldaquin ; mais il n'a rien de commun avec le tableau du même nom du palais Pitti.

12. M. Passavant pense que l'exemplaire du Louvre a été exécuté à Rome, mais il ne donne pas de preuves à l'appui de cette assertion. On sait du reste que Raphaël avait fait à Florence un tableau presque identique à celui du Louvre, dont l'original est perdu, mais dont on possède des copies anciennes.

13. Ces trois belles compositions ont été sculptées sur bois, sans doute du vivant de Raphaël et sous sa direction, par Fra Giovanni de Vérone. Elles se trouvent dans le chœur du couvent de Saint-Pierre à Pérouse.

14. Les appartements Borgia, qui font aujourd'hui partie de la Bibliothèque Vaticane.

15. C'est dans celle de ces trois femmes vues de dos qui tourne la tête que paraît pour la première fois la Fornarina M. Gruyer, Essai sur les Fresques de Raphaël. Depuis cette époque, Raphaël a mis la Fornarina dans presque tous ses ouvrages de grand caractère. On la reconnaît dans l'Incendie du Bourg, dans la Vierge au poisson, dans celle de saint Sixte, dans la mère du possédé de la Transfiguration, etc.

16. Ce portrait est daté de 1512, et Giorgione est mort en 1511.

Il est certain qu'il offre une grande ressemblance avec celui peint par ce maître qui se trouve dans la galerie de Modène. Missirini pense qu'il est de Sébastien del Piombo, l'élève de Giorgione, et qu'il représente Vittoria Colonna ; mais il ne ressemble nullement au portrait de cette femme célèbre, pour le moins dessiné par Michel-Ange, et qui a été exposé à Rome au palais Colonna il y a quelques années. Je ne peux l'attribuer pour ma part à aucun autre que Raphaël, et je pense avec M. Passavant que c'est le portrait de quelque célèbre improvisatrice du temps, celui peut-être de Béatrice Ferrarese.

17. Vasari, t. VI, p. 12. — On sait que Vasari raconte que Francia mourut de jalousie et de dépit en voyant cette peinture. Cette anecdote est tout à fait invraisemblable, non pas que le peintre bolonais ait vécu, — comme Malvasia, prenant le fils pour le père, le pense, — jusqu'en 1520 ou 22 ; il est bien réellement mort le 15 janvier 1518 ; mais outre que les sentiments d'amitié qui existaient entre Francia et Raphaël excluent une pareille jalousie, il est certain que la Sainte Cécile n'est pas le premier tableau de Raphaël qu'ait vu Francia, ainsi que le dit Vasari, puisque l'un des plus admirables chefs-d'œuvre de son ami, la Vision d'Ezéchiel, était à Bologne dans la Casa Hercolani dès l'année 1510. Malvasia, Felsina Pitrice.

18. Président de la chancellerie romaine datario, très lié avec Raphaël et l'un de ses exécuteurs testamentaires.

19. Raphaël a certainement fait de la sculpture, car on lit dans une lettre de Castiglione à son intendant : « Je désire savoir si Jules Romain a encore le jeune garçon en marbre de la main de Raphaël, et le dernier prix auquel il me le laisserait. » C'est peut-être l'enfant avec un dauphin appartenant à sir Henry Bruce, et qui a été exposé à Manchester. Passavant, I, 206.

20. Au moment de sa mort, Raphaël possédait 10,000 ducats d'or, c'est-à-dire près d'un million.

21. Pungileoni révoque en doute cette histoire, rapportée par Vasari, et dit que Léon s'acquitta de tout ce qu'il devait à Raphaël.

22. Le tombeau de Maria Bibiena était, comme celui de Raphaël, dans l'église de la Minerve. Dans son épitaphe, rapportée par Vasari, qui se trouvait au-dessus de celle de Raphaël, et que

Carle Maratte fit disparaître pour mettre à sa place le buste du peintre, elle est nommée Sponsa ejus. D'après le texte, elle serait morte avant Raphaël ; mais suivant Pungileoni p. 106, elle lui survécut.

23. « On a moulé ce crâne, dont il n'a été tiré que trois épreuves, l'une pour l'empereur d'Autriche, la deuxième pour le roi de Prusse, la troisième pour l'académie de Saint-Luc, où elle remplace le crâne du chanoine Antonini. On trouva également dans la tombe de Raphaël ses éperons d'or, et tout auprès l'épitaphe de Maria Bibiena. M. Horace Vernet, alors directeur de l'Académie de France, fit du tout une lithographie qui n'a pas été publiée. » Coindet, Histoire de la Peinture.

24. Dans la Dispute du Saint-Sacrement avec le Pérugin les deux personnages mitres, dans le coin droit de l'École d'Athènes groupe de Zoroastre, dans le Parnasse le personnage qui se trouve près de Dante et de Virgile, dans le Porte-Croix de la fresque d'Attila. — Les Offices de Florence, l'académie de Saint-Luc à Rome ont aussi des portraits à l'huile de Raphaël, exécutés par lui-même. Voyez encore le dessin de Marc-Antoine, qui le représente assis, enveloppé d'un manteau, et avec une expression singulière de fatigue. Le regard est fixe et absorbé. Ce dessin doit représenter Raphaël pendant les dernières années de sa vie.

ISBN : 978-1987554502

www.ingramcontent.com/pod-product-compliance
Lightning Source LLC
Chambersburg PA
CBHW070416230526
45471CB00006B/2835